Jack Trout

無敵のマーケティング 最強の戦略

阪急コミュニケーションズ

本書へのお誘い

マーケティングと聞いて、どんなことを思い浮かべますか。アンケート調査に販促キャンペーン、広告にブランド？　いずれにしろ専門の部署や広告代理店が考えることであって、自分には関係ない、そう思っている方も多いのではないでしょうか。そんな方々にこそお読みいただきたいのがこの本です。

競争が激しくなり、絶対安泰だと思われた大企業ですら倒れるこの時代。企業が生き残り、発展していくために是非とも必要なのが、広い意味での「マーケティング的な発想」です。ひとつ例を挙げましょう。数年前、鳴り物入りで日本に上陸した玩具の大型専門店トイザらス。元は潰れかけた百貨店だったことを御存知でしょうか。業態を大転換して成長したわけですが、それを支えたのが綿密なマーケティングでした（詳細は、本文をお読みください）。

著者のジャック・トラウトは、マーケティングの世界では知る人ぞ知る戦略家。世界中の企業を渡り歩いた経験を武器に、現実の複雑な現象のなかに法則を見出すことを大の得意としています。ビジネスに必要な発想と戦略を手っ取り早く知りたい方にお薦めです。薄い本でも、中身はぎゅっと詰まっています。

目次

序文 7

第1章 戦略とは生き残ることだ 11

夕食のための魚を釣る 12
どこに何を食べに行くか 13
選択肢の爆発的な増加 14
細分化の法則 17
「選択支援専門業」の功罪 18
選択の非情さを肝に銘じる 20
状況は悪化する一方だ 21

第2章 戦略とは顧客の心をめぐるものだ 25

記憶容量には限界がある 26
心は混乱を嫌う 30
心はいつも揺れている 36
心はそう簡単には変わらない 42

何に焦点をあてればいいかわからない　46

第3章　戦略とは差別化だ　55

品質をめぐる戦い　56
顧客満足をめぐる戦い　57
「一番」は顧客の心にひびく　59
独自の特性で訴える　61
トップという事実がブランドだ　63
伝統や文化を売り物にする　68
つくり方ひとつも売りになる　72
イケてることは差別化の手段になる　77

第4章　戦略とは競争だ　83

量より質の思い違い　83
「良い製品なら勝てる」の思い違い　85
それほど賢いなら、トップになっているはずだ　86
戦争としてのマーケティング　87
哲学の変化　89

競合他社に照準を合わせる　90
強いのは現場からのボトムアップ戦略　98
戦術と戦略の違い　102

第5章　戦略とは専門性を持つことだ　105

ゼネラリストの思い違い　106
見落としがちな大企業のなかの専門性　107
デパートから変身したトイザらス　108
自分たちの土俵はどこか　110
エキスパートになる　111
夢の出版社　112
その商品、その分野の代名詞になる　113
中小の専門企業　114
大手の専門企業　116
自分の専門を守れ　117
CEOの道楽に気をつけろ　118
どの分野で勝負するか　120

第6章　戦略とはシンプルなものにかぎる　123

ありのままを見て判断する　123
街角での観察　125
調査はときに混乱のもとになる　127
データに惑わされてはいけない　130
フォーカス・グループに惑わされてはいけない　132
テスト・マーケットに惑わされてはいけない　134
人の話を鵜呑みにしてはいけない　135
心のスナップショット　136
顧客の心のなかに、ひとつの言葉を植えつける　138
複雑な言葉は混乱のもとになる　140
ビジネスにはビジネス特有の言葉がある　142

第7章　戦略とはリーダーシップ　149

現場から学べ　151
必要なもの――率直な意見　155
必要なもの――顔の見えるリーダー　156

戦略は数字ではない　159
戦略は認識である　160
戦略とは長期的に考えること　162
戦略とは粘り強くあること　163
リーダーは良き司令官である　165

第8章　戦略とは現実を直視すること　169

ウォール・ストリートが仕掛けた「成長の罠」　170
一五パーセント成長の幻想　172
現実の数字とは　173
達成不可能な目標　174
大きいことはいいことだ？　176
融合という名の肥大化　177
大きい組織は運営が大変だ　178
個人的な欲望　179
肥大化に手を焼くCEO　180
つねに現実を知る　182
CEOの仕事は、市場の現実を知ること　183

序文

長い旅だった。ゼネラル・エレクトリックを皮切りに、アメリカをはじめ世界中の企業を渡り歩いてきたおかげで、わたしは何が企業の成功と失敗を分けるのかを知る貴重な機会に恵まれた。

見聞きしたことを、テーマ毎に慎重に分けて一〇冊の本に著わすとともに、世界各地で多くの企業関係者を対象に講演を行なってきた。

わたしが繰り返し学んだ教訓はこうだ。企業の成功の秘訣は、人材でも、やる気でも、ツールでも、はたまたロール・モデルでも、組織でもない。これらも確かに役には立つ。だが、それでトップにはなれない。

成功するのに何より必要なのは、優れた戦略だ。

戦略があれば、どの市場に参入し、何をつくり、社内外に何をどう伝えるかが決まり、何を重視すべきかがわかってくるからだ。

だからこそ、「戦略とは何か」を理解することが重要だ。戦略についての理解が深まれば、成功するための適切な戦略を選択できるようになる。さらに、大きな危機を避ける方法についての理解が深まれば、競争が激化するこの時代を生き抜くことができる。

過去三〇年間に出版された戦略立案とマーケティングに関する本は、なんと二万一九五五点にのぼる。戦略に関するアドバイスなら事欠かないとはいうものの、持続可能な競争優位が大事だとする説がある一方で、時代遅れだとする説もある。事例研究を重視する説がある一方で、事例研究で戦略を決めるべきではないとする説もある。そして、意味不明な言葉がつぎつぎに作られていく。動態的優位性、共同分析、競争ダイナミクス、共進化。傑作なのは、持続可能な競争非優位性だ。このような言葉は、頭を混乱させるだけだ。

もっと始末に終えないのは、戦略とマーケティングは別物だとする主張があることだ。だが、とんでもない。戦略とマーケティングを一体として考えなければ、成功はできない。マーケティングとは、ビジネスを牽引するものだ。そして、競争が激化するこの世界では、どれほど壮大な戦略も、適切なマーケティングなしでは、失敗しやすい。この点をよく理解するために、こんな話がある。

小さなソフトウエア会社が、プロジェクト管理ソフトの改良を思いついた。プロジェクトにつきものの不確実性を、これまでと違った方法で扱うものだ。この会社には優れた製品があるのだから、競争優位の戦略をつかえると思うかもしれない。経営者は、製品をマーケティング部門に渡し、この製品がいかに素晴らしく、どこが良くなったかを説明するよう指示するだけでよいというわけだ。だが、それだけではうまくいかない。

問題は、この企業には大企業二社をはじめ、多くの競争相手がいることだ。競争相手はすぐにこの小さな企業を攻撃し、ゲームから締め出そうとするだろう。彼らの戦略とは、プロジェクト管理を見ず知らずのものに任せることへの不安をかきたてることだ。そこでこの企業がゲームを戦うには、新しいソフトを「次世代プロジェクト管理ソフト」として位置づけるマーケティング計画を立てるべきだ。またあらゆる活動が、このアイデアを顧客の心に植えつけるためのものでなければならない。この企業の成否は、ひとえに「次世代」という認識を確立できるかどうかにかかっている。次世代であると認識されれば、未知のものに対する当然の不安は取り除かれる。同時に、旧世代の製品を買いたいと思う人はいなくなる。

このエピソードでお気づきのとおり、改良ソフトを次世代と位置づけるマーケティングは、**より良い製品をつくるより、先に製品をつくった方がいいという、ポジショニングの法則**を活用している。マーケティングが事業戦略を決める。つまり、わたしの考える戦略とは、既存の顧客や見込み客に、その独自性を伝える最善の方法を考えることである。

この事例では、不確実性を扱う方法がこれまでのソフトとは違っていた。そのため顧客の心に入り込むには、次世代という概念を使うのが最適なのだ。

わたしはこれまで、成功と失敗については何度も書いてきたが、優れた戦略とはどういうものかについて、焦点を絞ったことはなかった。そこで過去を振り返り、数多くの著書から間違わないための指針を抜き出すことにした。いつもとは違い、実例はいくつか取り上げるにとどめ、細かい経緯については言及していない。しかし守るべき重要な法則は網羅してある。

本書は、ビジネスの世界を長く旅する間に学んだ教訓を、簡潔にまとめたものである。

ジャック・トラウト

第1章　戦略とは生き残ることだ

優れた戦略とは、競争の激しいこの世界で生き残るための方法である。優れた戦略とは、「選択という専制」つまり、多くのものからひとつを選択することを強要されるシステムを生き抜く方法なのである。

大昔、選択の余地はなかった。原始時代、われわれの祖先が「夕食をどうするか」と考えたとき、答えはしごく簡単だった。近くにいる動物なら何でもいい。追いかけ、仕留め、洞窟に運んでくればよかった。

だがいまでは、それこそ洞窟のようなスーパーで、誰かが仕留め、見栄えよく包装した、さまざまな動物のさまざまな部位の肉が並んでいる。

夕食のための獲物をどうやって仕留めるかは、もはや問題ではない。陳列棚に並ぶ何百種類ものパックの中から、どれを選ぶか決めるのが問題なのだ。牛肉にするか、鶏肉にするか、他の肉にするか、はたまた肉もどきにするのか。

だが、それで終わりではない。おなじ肉にしても、背中か、あばらか、脚か、腰か、部位を決めなければならないし、肉を食べない家族には、ほかのものを用意しなければいけない。

夕食のための魚を釣る

大昔、釣りといえば、釣り針を磨ぎ、幸運を祈っていればよかった。

だが、いまでは、バス・プロ・ショップやL・L・ビーン、カベラスやオービスに行って、釣竿、リール、疑似餌、ウエア、ボートなどが並ぶ大海原のような売り場を漂うことになる。

ミズーリ州スプリングフィールドにあるバス・プロ・ショップの旗艦店は、三万平方メートルもあり、散髪してくれて、切った髪で疑似餌までつくってくれる。
釣り針を磨いでいた時代とは大違いだ。

どこに何を食べに行くか

いまでは、夕食のメニューは、他人任せにしたいと思う人が増えている。だが、ニューヨークほどの大都会となれば、どこに行くのかを決めるのも一苦労だ。

そんなわけで、むずかしい選択を手助けするため、一九七九年、ニナ・ザガットとティム・ザガットのザガット夫妻は、ニューヨークのレストラン・ガイドをはじめてつくった。携帯に便利な『ザガット・サーベイ*』は、いまやベストセラー。アメリカ内外の四〇以上の都市で、一〇万人が参加して、レストランの採点・評価を行なっている。

＊邦訳は賃貸住宅ニュース社から『東京のレストラン』、『大阪・神戸・京都のレストラン』が刊行されている。

選択肢の爆発的な増加

この数十年、ビジネスの世界で起きた変化は、あらゆる分野において、商品の選択肢が驚くほど増えたことだ。アメリカ国内には、一〇〇万品目もの商品があるとの推計もある。平均的なスーパーにも、四万品目がある。驚くべきことに、標準家庭では、一五〇品目もあれば生活に必要なものの八〇〜八五パーセントが満たされるという。つまり、スーパーの残りの三万九八五〇品目はどうでもいいのだ。

一九五〇年代、車を買うなら、GM、フォード、クライスラー、アメリカン・モーターズのモデルから選べばよかった。いまでは、GM、フォード、ダイムラー・クライスラー、トヨタ、ホンダ、フォルクスワーゲン、フィアット、日産、三菱、ルノー、スズキ、ダイハツ、BMW、現代、マツダ、いすゞ、起亜、ボルボがある。七〇年代初めには一四〇だった車種は、いまでは二六〇になっている。

一七万五〇〇〇ドルもするスポーツカーのフェラーリのように、限られた高級スポーツカー市場ですら、競争は激しくなっている。ランボルギーニがあり、ベントレーのスポーツカーがあり、アストン・マーチンがあり、ビジョンSLRロードスターというベンツの新型がある。

三〇年前、自動車メーカーが扱う車種は六つ程度だった。いまでは、SUVに、ロードスター、ハッチバック、クーペ、ミニバン、ワゴン、ピックアップ、さらには混合タイプとさまざまな車種を扱うため、製造を外部に委託せざるをえなくなっている。オーストリアのあるメーカーは、BMW、ジープ、ベンツ、サーブを受託製造している。古き良き時代のヘンリー・フォードは、おそらく、この現状をあざ笑っているだろう。「型はおなじで色は黒」の車しかつくらない方針を掲げていたのだから。

自動車の選択肢も増えたが、タイヤはその上を行く。昔なら、グッドイヤー、ファイアストン、ゼネラル、シアーズしかなかった。それがいまや、グッドイヤーにブリヂストン、コードヴァン、ミシュラン、クーパー、デイトン、ファイアストン、ケリー、ダンロップ、シアーズ、マルチマイル、ピレーリ、ゼネラル、アームストロング、セントリー、ユニロイヤルがあり、ほかに二二のブランドがある。

昔は国内の企業同士が、国内の市場をめぐって競争していたのだが、いまは世界中のあらゆる企業が、世界市場をめぐって競争しているのだ。

医療における選択

生活の基本である医療ついて考えてみよう。昔は医療といえば、かかりつけの医者と病院のほか、ブルークロス（健康保険組合）、アテナ／米国ヘルスケアと、メディケア、メディケイドくらいしかなかった。だが、いまでは、メッドパートナーズ、シグナ、プルケア、コロンビア、カイザー、ウェルポイント、クォラム、オックスフォード、アメリケア、マルティプランがあり、さらにＨＭＯ（会員制健康管理団体）、ＰＲＯ（相互監視機構）、ＰＨＯ（開業医・病院団体）、ＰＰＯ（特約医療機構）といった機関がある。

選択肢は増加している

これまで述べてきたのは、アメリカ市場の変化だ。世界最大の市場であるアメリカは、選択肢が断然、多い（金を持っているアメリカ国民から、その金をいかに吸い上げるか、マーケティング関係者が知恵を絞っているのだから当然といえば当然だ）。

では新興市場の中国はどうか。食料品といえば、昔は、国有企業がつくった画一的な商品しかなかったが、いまでは、国内外の企業がつくるさまざまな商品があり、しかもその数は増え続けている。最近の調査によれば、有名ブランドの食品市場さえ生まれつつあるという。すでに一三五の全国ブランドがあり、そこから選ぶことができる。それまでの道のりは長かったが、「選択という専制」への道を歩んでいる。

細分化の法則

選択肢の増加をもたらしているのは細分化の法則だ。この法則は、一九九三年にアル・ライズとの共著、『マーケティング22の法則』*ではじめて取り上げた。

いまでは種類が豊富なコンピューターも、元を辿れば市場はひとつしかなかった。自動車も、誕生したときには市場はひとつで、シボレー、フォード、プリマスの三つのブランドが独占していた。その後、市場が細分化された。

＊邦訳は東急エージェンシー出版部から刊行。

現在、ケーブル・テレビでは、一五〇以上のチャネルがある。業界は、五〇〇チャンネル構想を持っているが、「ストリーミング・ビデオ」*にくらべればかわいいものだ。これだけチャンネルが増えると、どの番組を見ようか、チャンネルを変えているあいだに、番組が終わっているだろう。

細分化のプロセスには際限がない。ウソだと思うなら、次に掲げる膨大な選択肢の表を御覧いただきたい。

「選択支援専門業」の功罪

こうした状況から生まれたのが、選択支援専門業だ。前に述べたザガットのレストラン・ガイドもそのひとつだ。

こうした例は、身の回りにいくらでもある。八〇〇〇本の投資信託のなかから、どれを買うべきか。セントルイスでどの歯医者に行けばいいか。あまたあるビジネス・スクールでどれを選べばいいのか（ウォール街で職を得るのに役立つか）。

＊インターネット等を通じて映像を配信・再生する際メモリーに記録して再生するのではなく、受信しながら同時に再生する方式。

選択肢の爆発的な増加

項目	1970年代前半	1990年代後半
車種	140	260
KFCのメニュー	7	14
車の型	654	1,121
フリト・レイ・チップの種類	10	78
SUV車の型	8	38
朝食用シリアル	160	340
PCのモデル	0	400
ポップ・タート	3	29
ソフトウエアのタイトル	0	250,000
ソフト・ドリンク	20	87
ウエッブ・サイト	0	4,757,894
瓶入り飲料水のブランド	16	50
封切り映画	267	458
ミルクの種類	4	19
空港	11,261	18,202
コルゲートの歯磨き	2	17
雑誌	339	790
口腔洗浄液	15	66
新刊書	40,530	77,446
デンタル・フロス	12	64
コミュニティ・カレッジ	886	1,742
調剤薬品	6,131	7,563
アミューズメント・パーク	362	1,174
市販の鎮痛剤	17	141
テレビ画面のサイズ	5	15
リーバイスのジーンズの型	41	70
ヒューストンのテレビ・チャンネル数	5	185
ジョギング用シューズの型	5	285
ラジオ局	7,038	12,458
女性用靴下の型	5	90
マクドナルドのメニュー	13	43
コンタクトレンズの型	1	36

コンシューマー・レポート誌やコンシューマー・ダイジェスト誌などは、月ごとに取り上げる分野を変えて、怒涛のように増えるブランドや選択肢を紹介している。唯一の問題は、細かい情報が大量に盛り込まれているので、かえって混乱してしまうことだ。

消費者心理の専門家は、これほど選択肢があると、消費者はおかしくなると言っている。キャロル・ムークの説によれば「選択肢があまりに多く、しかもすぐ手に入り、欲求がすぐに満たされるようなら、子どもは、いや大人も幼稚なままになる。マーケティングの観点からみると、消費者は考えることをやめるようになり、フォアグラ用の鵞鳥のように丸々と太り、判断力を失ってしまう。過剰な刺激から身を守ろうと、内に引きこもる。要するに『飽きる』のだ」

選択の非情さを肝に銘じる

辞書によれば、「専制」とは、絶対的な権力であり、概して非情で冷酷なものである。選択についても同じことが言える。競争が激しさを増すなかで、市場を決するのは選択だ。消費者の側には、いくらでも替わりがあるのだから、企業が過ちを犯せば取り返しがつかないことになる。ライバル企業にひとたびシェアを奪われれば、取り戻すのは容易ではない。この現実を理解していない企業は生き残れないだろう（これが非情という所以だ）。

ブランドの墓場で墓石に刻まれた名前を見てみるといい。アメリカン・モーターズ、バーガー・シェフ、カルト・ブランシュ、イースタン・エアラインズ、ゲインズバーガー、ギムベル、ハサウェイ・シャツ、ホーン&ハーダート、ミスター・サルティ・プレッツェル、フィルコ、トランプ・シャトル、ビジカルク、ウールワース。

これらはほんの一例で、姿を消した企業は枚挙にいとまがない。

状況は悪化する一方だ

いずれ落ち着くだろうなどと思ってはいけない。状況はますます悪化するだろう。理由は単純。選択がさらなる選択を生むからだ。

ジェイムズ・グリックは、『Faster』* という著書のなかで、「あらゆるものが加速し」、

＊ “*Faster : The Acceleration of Just About Everything*” by James Glieck, Vintage Books

混迷としか言いようがない未来を描いている。

グリックのシナリオを見てみよう。

「選択肢がこれほど増えているのも、正のフィードバック・ループの一例である。情報が増えれば増えるほど、情報収集と整理を助けるために、インターネットの『ポータル』やサーチエンジン、インフォボットが増えて、さらに情報が押し寄せることになる。電話の回線を増やせば、電話する用件が増える。特許権が増えれば、特許を専門にする弁護士や特許検索サービスが増える。料理本を買ったり、ネットでレシピを見たりして、新しい料理に挑戦しようという気になれば、さらに料理本を買いこむことになる。複雑さが選択肢を増やし、それが技術開発につながり、開発された技術がさらに複雑さをもたらす。物流や生産がここまで効率化せず、フリーダイヤルもなく、迅速な配送やバーコードやレジの読み取り機、そして何よりコンピューターがなければ、選択肢はこれほど増えなかっただろう」

紳士・淑女諸君、お楽しみはこれからなのだ。

うまくいっているもの

ニトキン・ノーリア、ウィリアム・ジョイス、ブルース・ロバートソンは、ハーバード・ビジネス・レビュー誌の二〇〇三年七月号で、「経営手法を対象としたものとしては、過去に例がないほど厳格な調査」を実施した。それによれば、役立っているのは、ＣＲＭ（顧客関係管理）やＴＱＭ（総合的品質管理）、ＢＰＲ（リエンジニアリング）などの他のツールでない。競争の激しいこの世界で優れた業績を上げるには、ビジネスの基本を習得するに限る。アメリカン・フットボール・チーム、グリーンベイ・パッカーズの往年の名監督、ヴィンス・ロンバルディなら、ブロックとタックルを磨くに限ると言ったはずだ。

第一の鉄則は、「的を絞った明確な戦略を策定し、実践する」ことだ。戦略を成功させるには、戦略とは何かを明確にし、顧客や従業員、株主に絶えず伝えていかなければならない。シンプルで焦点を絞った価値提案である。言い換えれば、ライバル企業からではなく、自分の会社から買ってもらう理由を伝えるのだ。

※戦略の定義

優れた戦略を活用することが生き残る道ならば、まずは戦略の定義を調べた方が良い。ウェブスターのニュー・ワールド・ディクショナリーには、こう書かれている。

「大規模な軍事作戦を立案・指揮する科学。敵と交戦する前に、有利なポジションを確立する方法」

戦略とは敵を想定した軍事用語であることに気づかれただろう。「もっとも有利なポジション」を求めるのであれば、まず、戦場について学び、理解し、実践しなければならない。そして、戦場とは、既存の顧客や見込み客の心のなかにあるのだ。

教訓

この競争の激しい世界では、優れた戦略を駆使しなければ生き残れない。

第2章　戦略とは顧客の心をめぐるものだ

ポジショニングとは、見込み客の心の中で自社を際立たせる方法である。コミュニケーションの過程で心がどう動くかを探る研究でもある。

この重要なテーマをわたしが最初に取り上げたのは一九六九年であり、インダストリアル・マーケティング・マネジメント誌に『画一化する市場でのゲームとしてのポジショニング』と題する論文を寄稿した（当時すでに、選択肢が悩みのタネになりつつあった）。

種明かしをしよう。わたしがポジショニングという言葉を選んだのは、前章で紹介した辞書の戦略の定義に、この言葉があったからだ。そこにはこう書かれていた。敵に対してもっとも有利なポジションを見出すこと。

その後一九八一年にはアル・ライズと組んで、『ポジショニング』*を書き、話題になった。九六年には、『ニューポジショニング——勝つブランド負けるブランド』**を出版した。この本の主張はシンプルで、企業戦略の成否は、ポジショニングのプロセスのうち重要な五つの要素の理解度にかかっている、というものだった。以下で、五つの要素を簡単に紹介しておこう。

記憶容量には限界がある

コンピューターのメモリと同様、人間の心も、情報を単位ごとに所定のスロットや位置に割り当てて記憶する。動作の点から見ると、人間の心は、コンピューターによく似ている。

だが、大きな違いがひとつある。コンピューターなら、人間が入力したものを受け入れるしかない。だが、人間の心はそうではない。まったく逆なのだ。人間は納得できない新たな情報を拒否する。その時点の心境に見合った情報だけを受け入れるのだ。

＊邦訳は電通選書から刊行。
＊＊邦訳は東急エージェンシー出版部から刊行。

人間の記憶容量は不足している

人間の心は、情報が過去の知識や経験とそぐわないと拒否するが、そもそも照らし合わせる知識や経験はそれほど多くない。

コミュニケーションが過剰な現代において、人間の記憶容量は、まったくもって容量が不足しているのだ。

ハーバード大学の心理学教授、ジョージ・A・ミラー*によれば、ふつうの人間が一度に記憶できる数字は七桁までだという。七桁の電話番号や、世界の七不思議、セブンカード・スタッド（ポーカーの一種）、白雪姫と七人の小人など、やたらと七という数字が使われるのはこのためだ。

ある商品について、知っているブランド名を挙げてみよう。七つ以上はめったに出てこない。それも関心のある商品での話だ。あまり関心がない商品だと、せいぜいひとつか、二つだろう。

十戒のすべての戒律を言えるだろうか。それが難しすぎるなら、癌の危険な七つの兆候

*邦訳著書に『心理学の認識』白揚社がある。

は挙げられるだろうか。黙示録の四人の御者の名前は言えるだろうか。

人間の記憶容量が小さすぎて、こうした質問には答えられないとすれば、毎年ネズミ算式に増えていくブランド名をどうやって記憶できるのだろう。

どうやって商品の梯子を上に昇るか

商品の爆発的な増加に対応するために編み出された方法が、商品やブランドのランク付けだ。頭のなかにいくつもの梯子があるイメージを思い浮かべてもらえばいい。梯子の各段はブランド名に対応する。梯子は、商品分野ごとに存在する。

段の数が多い梯子もあれば（七段は多い）、少ない梯子もある。

市場のシェアを拡大したければ、上の段のブランドを引きずり降ろすか（ふつうは不可能だ）、どうにかして自社のブランドを他社のポジションに関連づけなければならない。

しかし、多くの企業はマーケティング戦略や広告戦略を打ち出すにあたり、競合相手のポジションが存在していないかのようにふるまう。そんなあり得ない状態を想定しながら自社製品を宣伝し、メッセージが届かないとがっかりしている。

上の段のブランドの足場が固まっている場合、レバレッジ戦略（より少ないソースで戦略目標を達成する手段）やポジショニング戦略を活用しないかぎり、梯子を昇るのは極端にむずかしくなる。

新商品を紹介しようと思うなら、新しい梯子を持ち込まなくてはならない。その場合も、新しい梯子を古い梯子と対比させなければ、受け入れられるのはむずかしい。既存のものと関連づけないかぎり、新奇なものを受け入れる余地は、人間の頭にはないのだから。

まったく新しい商品を投入する場合、商品そのものを説明するよりも、その商品が何ではないかを説明した方がいいのは、そのためだ。

たとえば、最初の自動車は、馬なし馬車と呼ばれた。これによって、当時、一般的だった輸送手段の馬車と対比することができた。

場外投票、無鉛ガソリン、無糖炭酸飲料などは、いずれも新しい商品コンセプトを、既存商品にうまく関連づけた好例だ。

☆新商品をニュースにして流す

新たな情報を拒もうとする人間の本能を克服するには、自社のメッセージを重大なニュースのように聞こえるようにする方法もある。

最近の広告には、面白がらせたり、賢くみせたりしようとするものが多すぎる。そのために、ニュースの要素が往々にして見落とされてしまう。

ローパー・スターチの調査によれば、ニュース性のある見出しの方が、そうでない見出しより読まれる確率が高い。残念ながら、クリエイティブな人々は、こうした考え方を古臭いと考えているが。

これは重要なメッセージだと思えば、人は目を見開き、耳をそばだてて、そのメッセージを吸収しようとするものだ。

心は混乱を嫌う

人間ほど学習する生き物はない。

「学習とは動物や人間が、新たな情報を獲得することだ」とコロンビア大学の神経生物学・行動学センターの科学者は言う。

「記憶とはその情報をずっと保持しておく方法だ」

「記憶とは、単に電話番号を覚えるといった能力のことだけではない」。カーネギーメロン大学の実験心理学者リン・レダーは言う。「記憶とは、思考プロセスのすべてで活用されるダイナミックなシステムである。モノを見るときにも記憶を使う。言葉を理解するのにも記憶を使う。道を見つけるのにも記憶を使う」

記憶がそれほど重要だとすれば、記憶されるための秘訣があるのだろうか。

☆ あくまでシンプルに

アルバート・アインシュタインは、相対性理論を編み出すうえで、何がいちばん役立ったかと聞かれて、「問題の考え方を見つけること」と答えたという。

アップル・コンピュータの元会長、ジョン・スカリーはこう言っている。

「われわれが工業化時代に学んできたことはすべて、学べば学ぶほど見方が複雑になっていくという傾向があった。しかし今では、もっと複雑にするのではなく単純にすべきだと認識されはじめているようだ。これは極めてアジア的な考え方だ。単純さが究極の知恵なのである」

テレビ・キャスターといったコミュニケーションのプロは、この原則を熟知している。だからこそ、つねにシンプルな言葉を選んでいるのだ（この点については、第6章で詳しく述べる）。

☀情報エントロピーの法則

退屈になるのは刺激がないからだと考えられがちだ。一種の情報不足が原因だと考えるわけだ。

だが、刺激がありすぎたり、情報が過剰だったりする場合の方が退屈になることが、逆に、ずっと多いのだ。

エネルギーにエントロピーの法則がはたらくように、情報もただの騒音や余計なもの、陳腐なものへと劣化しやすい。別の言い方をすれば、情報という足の速い馬は、意味という足の遅い馬を追い越してしまうのだ。

複雑な答えは、誰のためにもならない。経営者なら情報を欲しがるのは当然だ。情報があってこそ、推量ではなく決断ができるのだから。だが、経営者の目下の課題は、プリントアウトや報告書に埋没しないことなのだ。

「もっと、もっと」を備えた製品

新製品に使われる殺し文句がある。「もっと、もっと」だ。

マーケティング関係者は、「融合《コンバージェンス》」が大好きだ。いくつもの最先端技術を取り込み、より多くの機能を備えた素晴らしい製品を投入するのだ。いくつか事例を紹介しよう。

●AT&TのEOパーソナル・コミュニケーター……携帯電話兼ファックス兼電子メール兼システム手帳兼ペン・コンピューター

●沖データのドックイット……卓上型プリンタ兼ファックス兼スキャナー兼コピー機
●アップルのニュートン……ファックス兼ポケベル兼カレンダー・キーパー兼ペン・コンピューター
●ソニーのマルチメディア・プレーヤー……ディスプレー・スクリーンと双方向通信用キーボード付き

だが、これらの製品も、ビル・ゲイツが唱える「ウォレットPC」構想にくらべればシンプルなものだ。ゲイツが考えているのは、キー、クレジットカード、身分証明書、現金、筆記用具、パスポート、家族の写真を一体化するか、それらに代わる道具だ。さらにGPS（地球規模の位置探査システム）がついていて、いつでも自分の居場所がわかるようになっている。

ここに挙げた製品は、ヒットするだろうか。

おそらく無理だろう。複雑すぎてわかりにくいのだ。世の中には、いまだにビデオの録画の仕方もわからない人が多いのだ。

人間はわかりにくいものには抵抗し、単純なものを好む。ボタンひとつで動くものを求めているのだ。

☆めんくらうようなコンセプト

基本コンセプトを聞いただけで、失敗が予想できる製品がある。役に立たないわけではなく、意味をなさないからだ。

メンネン社のビタミンE入りデオドラントを見てみるといい。そう、腋《わき》の下にビタミンを拭きつけるやつだ。

このコンセプトを消費者に説明したら、間違いなく笑われてしまうだろう。アメリカ一健康で、栄養の行き届いた腋の下の持ち主になりたいと思わないかぎり、意味がないのだ。そんなことを試したいと思う人はいないだろう。

この商品は、発売早々にポシャってしまった。

強力泡立ち制酸剤マアロックスはどうか。そう、泡立てたクリームをスプーンに乗せ、胸焼け防止に飲むやつだ。

この商品は店頭の棚に並べるだけでも大変だった。薬局が笑って取り合わなかったからだ。制酸剤は錠剤か液体であって、泡立ちクリームなんかであってはならないのだ。結局、この商品は製造元のウィリアム・H・ローラー社に消化不良を引き起こし、高くついただけだった。

ここでも複雑さが災いしたわけだ。

心はいつも揺れている

アリストテレスが広告マンだったら、出来が悪かったかもしれない。純粋な論理だけで、議論に勝てるとは限らないのだ。

心は理性的ではなく感情に流されやすい。

人はなぜその商品を買うのか。なぜ市場であのような行動を取るのか。心理学者のロバート・セトルとパメラ・アルレックは、『買う理由』*の中で、顧客はその理由を知らないか、知っていても言おうとしないと述べている。

* "*Why They Buy: American Consumers Inside and Out*" by Robert B. Settle and Pamela L. Alreck, John Wiley & Sons Inc

なぜその商品を買ったのかを尋ねても、返ってくる答えはあまり正確でないか、役に立たないことが多い。

本当の理由を知っているのに、それを言いたくないのかもしれない。

それ以上に、当の本人も正確な動機が分かっていない場合が多いのだ。

思い出すということに関してすら、不確かであり、いまはもうないものを思い出したりする。だからブランド力が確立している場合、広告を打ち切った後も、その認知度は長年にわたって衰えることがない。

☆他人が買うものを買う

わたしの経験では、消費者は自分が欲しいものが分かっていない（だから、なぜと尋ねても無駄だ）。

あった方がいいと思うものを買う。群れに従う羊のようなものだ。

これほど多くの人が、四輪駆動車をほんとうに必要としているだろうか（答えはノーだ）。

必要としていたのなら、なぜ、もっと前に人気が出なかったのだろうか（かっこよくなかったからだ)。

人間がこの種の行動をとる最大の理由は、いつも揺れているだからだ。この点については、多くの研究者がいくつも論文を書いている。

※リスク認識の五つの形

心が不安定である理由はいくつもある。ひとつは買い物といった基本的な行為にすらリスクがあると認識されていることだ。

行動科学者は、消費者が知覚するリスクには五つの形があるという。

1. **金銭上のリスク**……これを買ったら金をドブに捨てることになるかもしれない。
2. **機能上のリスク**……これは動かないかもしれない。あるいは思ったとおりには動かないかもしれない。
3. **肉体的リスク**……ちょっと危なそうだ。怪我をするかもしれない。
4. **社会的リスク**……これを買ったら、友達に変に思われるかもしれない。

5．心理的リスク……これを買ったら、気がとがめたり、無責任だと思われないだろうか。

☆みんなで渡れば怖くない

人間がなぜ群れに従うかについて、ロバート・シアルディノが、非常に興味深い説を唱えている。「社会的証明の法則」の影響が大きいのではないかとして、つぎのように論じている。

「社会的証明とは、何が正しいかを決める際に他人の考えを探る方法をとることだ。この法則がとくに当てはまるのは、正しい行動とは何かを決める場合である。ある状況において、ある行動が正しいかどうかは、他の人がどの程度その行動を取っているかによって決まる。

他人がやっているのであれば、その行動は正しいとみなす習慣は、一般にはうまく機能する。原則として社会的承認に従って行動する方が、それに反して行動するよりもミスを犯すことが少ない。多くの人がとっている行動は、正しい行動であるのが一般的だ。

社会的証明のこうした特徴は、長所と同時に短所もある。影響力をもつほかの武器とおなじように、この法則は行動を決めるうえで、便利な近道になる。だが、近道を利用する人は、金儲け主義者の待ち伏せ攻撃にさらされやすいのだ」

☆自分では選べない、だからあの人のオススメを

人間は、自分に自信が持てない時、他人に助けを求めたがる。

広告の世界で古くから推奨という方法が使われてきたのはこのためだ。

推奨広告は、人間の不安定な部分——虚栄心、嫉妬心、村八分にされる恐怖という三点セット——につけ込む。

J・ウォルター・トンプソンで社長をつとめたこともあるスタンリー・レザーはこれを、「模倣精神」だと呼び「人間は、趣味や知識、経験で自分より勝っているとおもう人の真似をしたがるものだ」と述べている。

最近、推奨広告でもてはやされているのはプロ・スポーツ選手であり、マイケル・ジョーダンやタイガー・ウッズが代表格だ。

バンドワゴン効果

心の不安定さにつけこむもうひとつの強力な手法にバンドワゴン効果を引き起こすことがある。

バンドワゴンはもともと、凝った装飾を施した馬車のことであり、パレードで音楽隊を運ぶのに使われた。いまでは、引き寄せる人々をどんどん増やす何らかの要因やトレンドを、意味するようになっている。

世論調査やパネル調査を使って権威を持たせ、バンドワゴン効果を引き生こす場合も少なくない（よく使われるのがＪ・Ｄ・パワーズの調査だ）。

心の不安定さを利用するバンドワゴン戦略には、「成長率第一位」「売上第一位」を謳う手もある。これなら、世間で良い商品だと思われていることがわかるからだ。

伝統を売り物にする

バンドワゴンに乗せるために、伝統や文化を売り物にする場合もある（一消費者が伝統に楯突くことなどできないのだから）。

一九一九年には早くも、スタインウェイが同社のピアノを「不朽の名器」と銘打った。クロス社は、同社の万年筆を「一八四六年以来の無傷の定番商品」と謳っている。

グレンリベット・スコッチは自社を「スコッチの父」と位置づけ、「イギリス政府はハイランドでのシングル・モルト・ウィスキーの蒸留を定めた一八二三年の法律により、グレンリベット蒸留所に最初の製造許可を与えたのです」と説明している。

コークは自らを「本物」と呼んで、コーラを発明したという伝統を利用している。これが同社のもっとも強力な戦略である。

心はそう簡単には変わらない

マーケティング業界では、新商品の広告の方が、既存商品の広告より関心を引くはずだとの考え方が根強い。

だが現実は違う。人間は「新しい」ものよりも、すでに知っている（あるいは買っている）ものに心を動かされる。

調査会社のマッコラム・スピールマンは、二三年にわたって二万二〇〇〇本以上のテレビ・コマーシャルを調べた。このうちの約六〇〇〇本が、一〇の商品カテゴリーの新商品用コマーシャルだった。

この調査から、新商品と既存商品を比較した場合、説得効果や態度変化が大きいなど、いわゆる「新商品の興奮」をあきらかに出せたのは、一〇の商品カテゴリーのうち、ペット商品しかなかった。

薬品から飲料、衛生用品までの残りの九つの商品カテゴリーでは、差らしい差はなく、消費者が新商品と既存商品を見分けられる、これぞという刺激効果は認められなかった。

何百というブランドがあり、何千というコマーシャルが流れていることを考えれば、消費者を説得するのに「クリエイティビティ」が差別化の手段になると考えない方がいい。差別化の手段になるのは結局のところ、なじみのあるもの、安心できるものなのだ。

☆態度を変える試み

マサチューセッツ工科大学の教授でコンサルタントのマイケル・ハマーは、『リエンジニアリング革命』*という本のなかで、人間が生まれながらに持つ変化への抵抗が、リエンジニアリングにおいて「もっとも当惑し、厄介で、気が滅入り、混乱する部分」だと指摘している。

この抵抗感について理解するうえで、いくつかのヒントを与えてくれる本がリチャード・ペティとジョン・カシオッポの共著『態度と説得』**だ。この本では、「信念体系」についてページを割き、人の心を変えるのがいかに難しいかを論じている。

「情報理論の立場から見ると、信念体系の性格と構造が重要である。信念が態度を生み出す認識の基礎になると考えられるからだ。

だとすれば、態度を変えるには、態度の元となる情報の修正が必要であろう。そのため、人の信念を変え、古い信念を取り除き、新たな信念を取り入れることが必要なのだ」

＊邦訳はダイヤモンド社から刊行。
＊＊“*Attitudes and Persuasion: Classic and Contemporary Approaches*” by Richard Petty and John Cacioppo, Westview Press

これらを、三〇秒のコマーシャルでやろうというのだろうか。

☆心理学者の見解

『社会心理学ハンドブック』*も、態度を変えるのがいかに難しいかを裏付けている。

「態度を変えようとする試みには、とてつもない困難が伴う。心理療法のように綿密な方法をもってしても、ある人の信念を変えることが難しいことは理解されつつある。ある人の態度を変えるのには効果的な方法でも、ほかの人に対してほとんど効果がない」

悪いことに、態度を変えるのに、「事実」は何ら関係がない。以下の見解を考えてみてほしい。

「人間はとてつもなく広範囲の問題について態度を決めてかかっている。トルコ人といった、あまり知らない人たちや、地球外生物といった日常の関心事とは無縁のものについて

* *"The Handbook of Social Psychology"* by Daniel T. Gilbert et al, Oxford University Press

も、自分の好き嫌い（とくに嫌い）がわかるらしい」

だから、昔のテレビ番組のセリフを借りて言えば、「フェルプスさん、人の心を変えろといわれても、そんな仕事を引き受けちゃだめよ」ということになる。

何に焦点をあてればいいかわからない

ひと昔前は、有名ブランドなら、顧客に明確に認識されていたものだ。顧客の心は、まるでカメラのように、お気に入りのブランドがどんなものなのか、はっきりとした像をつかんでいた。

バドワイザーの醸造元、アンホイザー・ブッシュが「このバド（バドワイザー）をあなたに」と誇らしげに謳ったとき、それがどんなビールなのか顧客ははっきり分かっていた。ミラー・ハイ・ライフにしても、昔ながらのクアーズにしても同様だった。

だが、この一〇年間にバドワイザーは、これでもかというほど、さまざまな種類のビールを市場に投入した。レギュラーにライト、ドラフト、クリアー、冷却醸造、ドライ醸造、冷凍醸造だ。

「このバドをあなたに」と言われても、「どのバドのこと?」と聞き返したくなる。

かつて心が明確に認識していたものが、いまでは焦点を失っている。キング・オブ・ビアの信者がいなくなりつつあるのも当然だろう。

ライン拡張の落とし穴

まさに焦点を失っていると言えるのが、ラインの拡張だ。マーケティングで、ラインの拡張ほど意見の分かれるテーマはない。

一九七二年、アドバタイジング・エイジ誌のなかで、アル・ライズとわたしは、「ライン拡張の落とし穴」と名づけた罠にはまらないよう、企業に警告した。『ポジショニング』では、二章を割いて、ライン拡張の問題を論じた。『マーケティング22の法則』で取り上げた法則のうち、これは唯一、まったく守られない法則になった。

われわれが反対したからと言って、ペースを落とす者などいなかった。実際はまったく逆だったのだ。「ブランド・エクイティの拡張」は猛威をふるい、コカコーラなどの企業が「メガブランド」といったコンセプトを唱えている。

長年、ライン拡張に異を唱えるのは、われわれだけだった。ジャーナル・オブ・コンシューマー・マーケティング誌すらこう批評した。「ブランド拡張に真っ向から反対するライズとトラウトは、孤立している」（われわれの心は、それでも変わらない）。

だが、こうした孤立が終わりを迎えるときが来た。ハーバード・ビジネス・レビュー誌が一九九四年十一月―十二月号でつぎのような判決を下したのだ。

「野放図なライン拡張は、ブランド・イメージを弱め、取引関係を乱し、コスト上昇を分かりにくくするおそれがある」

粘った甲斐があったわけだ。

視点の問題

ライン拡張に関する見解の違いは、つまるところ視点の違いから来ている。企業は自社のブランドを経済的観点から見ている。コスト効率を高め、買い手を増やすために、あるタイプの商品やアイデアを表す焦点の絞り込まれたブランドを、複数の商品やアイデアを表す焦点のぼやけたブランドに、積極的に変えようとしている。

これに対しわれわれは、ライン拡張の問題を人間の心の観点から見る。ブランドに変化をつければつけるほど、何に焦点をあてればよいかわからなくなる。このままでは、シボレーのようなブランドは、そのうち何の意味も持たなくなるだろう。

トイレット・ペーパーのトップ・ブランド、スコットは、スコッティーズ、スコットキンズ、スコットウェルズといった具合に、ブランド名を増やした。ほどなく「スコット」は、買い物リスト調査で落第点をとった(「スコット」と書いたのでは、点数が入らないのだから)。

☆焦点を絞った専門メーカーの脅威

ミスター・ホイップル(広告のキャラクター)や絞れるティッシュ、チャーミンが登場しなければ、スコットの市場は安泰だっただろう(焦点を失えば失うほど、攻撃に弱くなるものだ)。チャーミンがティッシュのトップ・ブランドになるのに時間はかからなかった。

ビジネスの歴史は、われわれの懸念の正しさを証明しているように思える。

ショートニング(クッキーなどに使う動植物油)では、長年、プロクター&ギャンブル(P&G)のクリスコがトップ・ブランドだった。やがて植物油がもてはやされるようになった。当然、P&Gもクリスコ・オイルを発売した。

コーン油市場の混戦を制したのは、どこだったのだろう。そう、マゾーラ社だった。

マゾーラ社は、コレステロール・ゼロのコーン・オイル・マーガリンの成功に目をつける。そこで、マゾーラ・コーン・オイル・マーガリンを発売した。

では、コーン・オイル・マーガリンの市場で勝ったのは、どこだったのだろうか。そう、フライシュマンズ社だった。

いずれの場合も、市場を制したのは、専門メーカーか焦点を絞った企業だったのだ。

☆専門メーカーの武器

専門メーカーのブランドが、なぜ心に強い印象を与えるのかについて、少し考えてみよう（この点については、第5章で詳しく取り上げる）。

第一に専門メーカーは、一つの商品、一つの利点、一つのメッセージに焦点を絞ることができる。焦点が絞られているため、マーケッターは訴えたいことを明確にでき、そのメッセージが顧客の心にすっと入っていくのだ。いくつか例を挙げよう。

ドミノ・ピザは、宅配という点に焦点を絞ることができる。これに対しピザ・ハットは、宅配と店頭サービスの両方を説明しなければならない。

デュラセルは長持ちするアルカリ電池に焦点を絞ることができる。これに対してエバーレディは、懐中電灯、耐久性、蓄電可能、アルカリ電池などについて説明しなければならない（その後、エバーレディはスリム化し、エナジャイザー一本に絞った。同社にとって好ましいことだ）。

エンジン潤滑油のカストロールは小型の高性能エンジンに焦点を絞ることができる。ペンゾイルやクエーカー・ステートはあらゆるタイプのエンジン向けの商品を投入している。

専門メーカーのもうひとつの武器は、その能力が専門的で最良のものだと考えられていることだ。インテルは半導体チップで最高のものだ。フィラデルフィアはクリームチーズのトップ・ブランドだ(いわば元祖だ)。

最後に専門メーカーは、その分野の代名詞になれる強みがある。

ゼロックスは、コピーの代名詞になった(「これをゼロックスして」)。

フェデラル・エクスプレスは翌日配送の代名詞になった(「フェデックスでお送りします」)

3Mのスコッチテープは、セロファンテープの代名詞になった(「スコッチテープで留めよう」)

法律家は嫌うが、マーケティング戦争では、ブランド名を代名詞にすることが最終兵器になる。だが、それができるのは専門メーカーだけだ。総合メーカーは代名詞にはなれない。

「冷蔵庫からビールをとってきて」と言う代わりに「GEからビールをとってきて」とは言ってもらえないのだ。

教訓

顧客が何を認識しているか、それが大切だ。

諸々の事実で混乱してはいけない。

第3章　戦略とは差別化だ

第2章で述べたように、ポジショニングで成功するには、ひしめく競合他社と差別化する方法を見出すことが出発点になる。他社ではなく自社のブランドを買ってもらえる理由はどこにあるのか。

「差別化」の重要性について書かれたものはあるが、実践できる方法を示したものは少ない。そこでわたしはスティーブ・リブキンと共に『ユニーク・ポジショニング』*を書いた。だが、どのような戦略をとるかを論じる前に、どのような戦略をとらないかに注目することが重要だ。具体的に言おう。品質重視と顧客志向は差別化の決め手にはならない。

＊邦訳はダイヤモンド社から刊行。

品質をめぐる戦い

たしかに一九九〇年代は品質をめぐる戦争の時代だった。経営幹部は、品質を測るツールや手法を求めた。品質という、とらえどころのない生き物を定義し、予測し、保証する方法について、数多くの権威《グル》や学者が、相次いで本を出版し、論争を繰り広げた。

その過程で、わけのわからない略語やもっともらしい専門用語が生まれた。七つの古いツール、七つの新しいツール、TQM、SPC、QFD、CQL等々。三文字を適当に組み合わせれば略語ができるかと思えたほどだ。

九三年だけで、書名に「品質」という語を盛り込んだ本が四二二点も出版された。いまでは、この類の本は半分に減っている（われわれは、品質戦争に勝ったに違いない）。

どの調査を見ても、消費者はあらゆるモノやサービスの品質が向上したと思っている。車は故障しにくくなった。家電製品は長持ちするようになった。コンピューターのマニュアルは読みやすくなった。

世論調査会社ロバート・スターチ・ワールドワイドの責任者は、こう述べている。

「どのブランドも努力しなければ抜きんでることはできない。企業は消費者のニーズに応えようとさらに投資している。いまだに消費者が王様なのだ。この図式がすぐに変わるとは思えない。暮らし向きが上向いたからといって、消費者は要求を緩めてはいない。それどころか、ますますキツくなっている」

企業にとって品質を高め続けるのは当然のことなのだ。

顧客満足をめぐる戦い

品質が戦争だとすれば、顧客をめぐる戦いは最終戦争だといえる。

ハーバード・ビジネス・レビュー誌に、画期的な論文が発表された。それによれば、顧客の不満を五パーセント減らすだけで、利益を最低でも二五パーセント増やすことができるという。アメリカ中の役員室からどよめきが聞こえてきそうだ。

セミナーや本、カウンセラーは、顧客と呼ばれる人たちを驚かせ、愛し、パートナーにし、とにかくしがみつく方法をいくらでも教えてくれる。

顧客は協力者であり、CEOであり、王様である。そして顧客は、蝶々なのだそうだ（そう、黙って飛び去るものなのだそうだ）。

顧客のフィードバックとは、顧客からの苦情はすべて贈り物だと考える考え方だ。アフターサービスを向上すれば、顧客を生涯にわたって引き止めておける。顧客の時間すべてを管理する方法を身につければ、あらゆる問題が解決すると考える。

これで企業は非営利団体に近くなった。

二〇世紀も終わる頃、マーケティング・マネジメント誌（一九九九年春号）は、こう結論づけた。「いまやほぼすべての企業が顧客満足を目指している。顧客満足のためなら何でもする、が口癖になっている」

顧客満足はいつのまにか、当たり前のものになり、差別化の手段ではなくなったのだ。

この点を明らかにしたところで、では、どんな戦略をとればいいかをつぎに述べよう。

「一番」は顧客の心にひびく

新しいアイデアや新しい商品、新しい利点を売り物に、いったん顧客の心に入り込んでしまえば、圧倒的に有利になる。その理由は、前章で述べたように、心は変化を嫌がるからだ。

心理学者はこれを「現状維持の心理」と呼ぶ。現状維持がおおいに魅力的であることは、多くの実験によって示されている。何かを決める際には、現状を維持する道が選ばれる傾向が強い。

単刀直入に言おう。人間は、いま持っているものに執着する傾向がある。いまの連れ合いより少しばかり魅力的な相手に会ったくらいでは一緒になろうとは思わない。弁護士費用がかかるし、財産分与や子どもの養育など厄介な問題があるからだ。

一番手の企業にとって、競争相手にマネされることは、ますます有利にはたらく。一番手よりも良い製品だと顧客に納得してもらうより、最初に顧客の心に食い込む方がずっと簡単なのだ。

※一番手はいまだに一番手

ハーバードはアメリカで最初に生まれた大学であり、いまも全米トップの大学だ。ピープル誌はアス誌をしのぎ、プレイボーイ誌はペントハウス誌をしのいでいる。ミニバンを最初に投入したクライスラーは、いまもミニバンでトップである。ヒューレット・パッカードはデスクトップ型レーザープリンタで、サンはワークステーションで、ゼロックスはコピー機でいまでもトップ企業だ。こうした例はいくらでもある。

ある企業がカテゴリーや商品を開拓したという事実は、追随する企業との違いを示すものとして、顧客の心に刻まれる。最初に山頂に到達したからこそ、特別な地位が与えられるのだ。

フランスの飲料水メーカーのエビアンが、広告費に二〇〇〇万ドルもかけて、「元祖」を謳った理由はここにある。

独自の特性で訴える

「特性」という言葉はマーケティングでさかんに使われているが、正確に理解されているわけではない。まず、この言葉の意味をはっきりさせてから先に進もう。

第一に特性とは、ヒトやモノの性格や特徴、個性のことだ。第二に、ヒトやモノは、いくつかの特性をあわせ持つ。ヒトは、性別、体格、知性、技能、魅力など特性が組み合わせてできている。モノも、カテゴリーによって違うが、いくつかの特性が組み合わされている。たとえば歯磨きは、虫歯予防、歯垢防止、味、ホワイトニング効果、口臭予防などの特性が組み合わされている。

特性をもつ

ヒトやモノに個性を与えるのは、こうした特性だ。マリリン・モンローは、セクシーな魅力が売り物だった。歯磨き粉のクレストは虫歯予防で有名だ。モンローには知性があったかもしれないが、それはどうでもよかった。モンローをモンローたらしめたのは、ピンナップ写真のセクシーな姿だ。クレストもおなじで、虫歯予防というのが大事なのであって、味はどうでもいいのだ。

商品やサービスに特性をもたせることは、差別化するうえで、おそらくもっとも良い方法だろう。だが、注意すべき点がある。競合相手とおなじ特性や位置づけではいけない。独自の特性を見つけなければならない。

企業は往々にしてトップ企業をマネようとする。「トップ企業であれば、どんな特性がうまくいくか知っているはずだから、おなじことをすればいい」と考えるわけだ。だが、これはいただけない。

トップ企業に対抗するには、むしろ正反対の特性をもつ方がいい。ここでのカギは、正反対だ。おなじことをやってはいけない。

コカ・コーラは元祖であり、年配の世代に支持されている。ペプシが成功したのは、若い世代の支持を狙ったからだ。

バーボン市場を支配しているのは、ジム・ビームとジャック・ダニエルだ。そこでメーカーズ・マークは、売上が小さいことを売り物にする戦略をとった。「当社の手作りのバーボンは、なめらかな舌ざわりとソフトな味わいをお届けします」

歯磨き粉では、クレストが虫歯予防を売り物にしたので、ほかのブランドは、虫歯予防は避けて、味やホワイトニング効果、口臭予防などを特性にしている。最近ではベーキング・ソーダ入りを売り物にしたものもある。

トップ企業でなければ、謳い文句は的を絞ったものにすべきだ。だが、それ以上に重要なのは、その謳い文句が、カテゴリーで「まだ使われていないもの」であること、誰にも独占されていない言葉であることだ。

トップという事実がブランドだ

ブランドを差別化するうえで、もっとも有力な手段はトップになることだ。トップになれば、ブランドには信用力がつく。そして信用力こそ、ブランドの業績を保証してくれる担保になる。

トップであるという信用力があれば、ブランドについて何を語っても、消費者に信用してもらえる。人間には、「大きいこと」を、成功や地位、リーダーシップと同一視する傾向があるものだ。

☼ある分野を独占する

強力なトップ・ブランドなら、その分野を表す言葉を独占することができる。商品の一般名を出して連想される企業が、トップ企業だと認められていると言える。コンピューターといえばIBM、コピー機といえばゼロックス、チョコレート・バーといえばハーシー、コーラといえばコークという名を連想するのが一般的だろう。

賢明なトップ企業なら、その地位をさらに磐石なものにするために、もう一歩、前に進む。ハインツはケチャップの代名詞だった。だがハインツは、同社のケチャップのもっとも重要な特性である濃さを前面に出して、「西洋でもっともゆっくり出るケチャップ」と謳った。「ゆっくり出る」という言葉を独り占めすることで、ハインツは五〇パーセントのシェアを維持している。

☆自慢することを怖がってはいけない

トップ企業だと認められることのパワーは絶大なのに、トップであることを敢えて言おうとしない企業がある。当然のことを言いたがらないのはなぜか。答えは決まっている。「鼻高々」だと思われたくないのだ。

だが、ライバル企業にとって、自慢したがらないトップ企業ほど都合のいいものはない。他社を押しのけて頂上に達したのなら、旗を立てて写真を撮った方がいい。

トップであることをうまく表現する方法はある。わたしのお気に入りのスローガンを、ひとつ紹介しよう。

「フィデリティ・インベストメント。一二〇〇万人の投資家から信頼されています」

トップ企業がその功績を誇らなければ、後を追う企業が、お株を奪う方法を見つけるだろう。

トップ企業には、いかにしてその地位を獲得したかを語ることができる特権があるのだ。前に書いたように、トップ企業だと認められれば、何を言っても信じてもらえるのだから。

☆トップにもいろいろある

トップにもいろいろなトップがあり、どれも差別化の有力な手段になる。その方法を紹介しよう。

●売上高のトップ

トップ企業がよく使うのが、売れ行きの良さだ。アメリカで一番よく売れている車は、トヨタのカムリだ。だが、数え方を変えれば、他の自動車メーカーも売上ナンバーワンを主張できる。ミニバンで一番売れているのは、クライスラーのダッジ・キャラバン、SUV（スポーツ・ユーティリティー車）のトップはフォードのエクスプローラーだ。売れ行きのよさを宣伝する、この方法が効果的なのは、人間には、他人が買うものを欲しがる習性があるからだ。

●技術のトップ

長年にわたって技術を開発してきた企業は、技術力を売り物に差別化できる。オーストリアのレンチング社は、レーヨン・ファイバーのメーカーだ。売上高ではトップではないが、「化学繊維の技術力では世界ナンバーワン」だと言える。同社はレーヨンで、さまざまな技術の開発と改良に成功してきた先駆的な企業だからだ。

●実績のトップ

売上トップではないが、実績のある商品を持っている企業がある。そこまでの実績のない競争相手と差別化するには、有効な手段になる。シリコン・グラフィックスがその好例だ。同社のワークステーション・ソフトでハリウッドの特殊効果が可能になった。高性能サーバーは、画像やデータの処理が抜群に優れている。その結果、同社は「高性能コンピューティングの世界的リーダー」として認められている。高性能を売り物にすることに効果があるのは、カネのある人や企業は、必要がなくても、最高の製品を欲しがるからだ。

伝統や文化を売り物にする

第2章で、人間は心に不安を抱えているものだと述べた。だとすれば、その不安を鎮める戦略をとればいい。

伝統には商品を引き立たせる力がある。伝統が差別化の強力な手段になるのは、人間は、自然な感情として伝統を大切に思い、安心感を持つからだ。

伝統にそうした力があるのはなぜか。長いあいだ生き残ってきた企業は、事業を知り尽くしていると思われるからではないだろうか。あの企業なら間違いないと、消費者は思うわけだ。

だが、中国や日本のように年長者が尊敬される社会とちがって、アメリカの文化は老いを極端に嫌う傾向がある。誰もが若いままでいたいと願っている。したがって、年の功は通用しないのだ。

☆伝統の心理的効果

伝統に意味があるのはなぜか、消費心理学者のキャロル・モーグ博士はこう述べている。

「伝統が心理的に重要なのは、連綿と続く一本の線上にいるという感覚にさせるからだ。過去から受け継ぎ、自分が死んでも次の世代に受け継がれていく、そういう一本の線の上にいると考えられるようになる。この繋がりは、不滅のものへの繋がりである。伝統や祖先との繋がりがなければ、人間は孤立し、打ち捨てられ、見捨てられ、根なし草になったように思える。過去との繋がりがなければ、未来との繋がりも信じることができない」

これはきわめて重要な点だが、伝統の効果については、違う見方ができる。歴史の長い企業は、業界のリーダーだとの印象を与える。売上でトップでなくとも、歴史という点ではたしかにトップなのだ。

差別化の手段として、伝統や文化を売り物にするのは、もっともなことなのだ。

☆伝統を前に進める

だが、伝統だけでは十分でないと、APのあるビジネス担当記者は言う。「ここ数年、あらゆる業種の企業が、新たなマーケティング戦略を取り始めている。消費者を安心させる伝統と、成功し続けるために不可欠な進歩を組み合わせている」

ポニー・エクスプレスと駅馬車から始まったウェルス・ファーゴは、「昔も速かった。今も速い」というシンプルな言葉で、創業精神を今に生かしている。昔と違うのは、高性能コンピューター・ネットワークを使って光の速さで運ぶ点だ。

L・L・ビーンは、ニュー・イングランドの伝統的なイメージを守りながら、カタログを刷新し、ネット販売に進出し、婦人服も手がけている。同社の広報担当は、「伝統をアピールしつつ、ほかの世代にも訴えている」

タバスコの成功も、伝統と先進性のバランスをうまく取っている好例だ。

広告では、ルイジアナのバイヨウ（沼）や、古い樫の樽に寝かせたコショウで、伝統を表現している。その一方、タバスコの模様入りネクタイや、ケージャン料理祭り、ルイジアナの片田舎のオイスター・バーで生まれたタバスコをグラスの縁につけたカクテルで、時代の最先端を行く企業であることを謳っている。

人気のプレリー・ファイヤー（大草原の火）は、テキーラにタバスコを振りかけたカクテルだ。

社長のポール・C・P・マックルヘニーはこう言っている。「マーケティングには、あらゆる種類のバランスが必要だ」

まさしくその通り。同社は古いものと新しいもののバランスを取っている。

ファミリーの伝統

大企業がますます巨大になるこの時代、ファミリー企業であり続けることも、その他大勢の企業と差別化するのに有効な手段になる。税金や後継者の問題があるので、伝統を守るのはそう簡単ではないが、ファミリーが結束を固めれば、強力な差別化の武器になる。

一般に、上場企業は一握りの強欲な株主に支配され、冷たく、人間味に欠けているとの印象があるのに対し、ファミリーの企業は好印象を持たれている。ファミリーの企業にも、強欲な人間はいる。だが、情報を公開しないので、そうした欲は閉ざされたドアの内側に隠されている。

ファミリー企業は、株価よりも自社製品に強い関心を持っているはずだ、と見られている。またメンバーは、会社が設立された土地で生まれ、育った場合が多いので、地域貢献の点でも高く評価されている。さらに、従業員も家族の一員として扱う傾向が強い。共に成長してきたという感覚がある。

つくり方ひとつも売りになる

どの企業も新製品の開発には力を入れている。大勢のエンジニア、デザイナーや、製造担当者が膨大な時間をかけて、競合製品に勝てるユニークな製品を企画し、製造し、テストしている。

だがマーケティング担当者にとって製品の出来がいいのは当たり前で、どんな広告を打ち、パッケージにし、販売促進を行なっていくのかしか頭にない。

製品自体がどのような特徴があるのか、もっと掘り下げて考えるべきだ。それによって、これまで見落とされてきた差別化の手がかりが見つかる。

魔法を使う

製品は技術やデザインの塊だ。特許技術が使われている場合も少なくない。だがマーケティング担当者は、複雑すぎて顧客が混乱するからと言って、こうした側面を無視しがちだ。それよりは顧客の調査し、製品の利点やどんな場面で使われるかに焦点を絞る方がいいと考える。「消費者は、製品がどうやってつくられたかなんて興味がない。興味があるのは、どんな役に立つか、それだけだ」というわけだ。

だが、こうした考え方には問題がある。多くの場合、製品の効能や性能は似通っているからだ。歯磨き粉は、どれも虫歯を予防する。新車はどれも快適に運転できる。洗剤はどれも衣類をきれいにする。だから、どのようにつくられたかの方が、差別化の手段になる場合が少なくない。

だからこそ製品に焦点を当て、どの技術がユニークなのかを突き止めた方がいい。できれば、その技術やデザインに名前をつけた方がいいし、それが魔法だと宣伝できれば尚いい。

プロクター&ギャンブルがフッ素入りの虫歯予防歯磨き、クレストを発売したとき、「フッ素」入りであることが確実に浸透するような広告を打った。ではフッ素が何なのか、わかった消費者がいただろうか。いなかった。だが、それはどうでもよかった。効き目がありそうだと思われれば、それでよかったのだ。

ソニーがテレビのトップ・ブランドになり始めたとき、ブラウン管が「トリニトロン」だと大々的に宣伝した。トリニトロンが何なのか、わかった消費者がいただろうか。いなかった。だが、それはどうでもよかった。なんか良さそうだと思われれば、それでよかったのだ。

ゼネラル・モーターズはキャデラックのエンジン、ノーススター・システムを宣伝するのに、おそらく一億ドル以上かけた。では、このエンジンの性能を理解した消費者がいただろうか。いなかった。だが、そんなことはどうでもよかった。性能が良さそうだと思われただけだった。

魔法については、説明する必要がない。何しろ魔法なのだから。

正しい方法でつくる

製品をつくる方法には、良い方法と悪い方法がある。コスト削減の手段として導入される方法は、概して間違っているか、望ましくない。コンサルタントは「製造工程の改善」という言葉を好んで使うが、要するにコストを削減するための方法だ。優れた製品をつくることによって、コストの上昇を吸収するのが本来のあるべき姿だ。

業界全体が間違った方法をとっている場合、正しい方法をとることが差別化につながる。これを実践したのがスタニスラス・フード・プロダクツだ。同社はアメリカのイタリアン・レストラン向けのトマト・ソース製造でトップ企業になった。しかも高い価格で販売して、その座を獲得したのだ。同業他社が安くて運びやすいトマト・ソースに集中するなかで、あえてそれに逆らう戦略が功を奏した。

オーナーのディノ・コートパッシは、トマトを濃縮加工しない方がいいと考えていた。コストはかかるが、味がいいのだ。

これが差別化の決め手になった。そして同業他社の思惑に反して、アメリカのイタリアン・レストランの多くも、コートパッシの考えに共感したのだった。

伝統的な方法でつくる

これと似た話は、マッツォ製造で最後の独立企業アーロン・ストレイトにもある（ちなみにマッツォとは、出エジプトの頃からイスラエル人が主食としてきたパンのことで、無発酵、無塩で、添加物は何も入っていない）。

マッツォ市場では、B・メインシュウィッツがシェアの過半を握り、ストレイトのシェアはごくわずかだった。だが、ストレイトは、「伝統」こそ、他社と一線を画す武器だと認識していた。ほかの商品の製造は外注しているが、マッツォだけは、一九一四年に創業したのとおなじロウアー・マンハッタンのリビングストン街でつくっている。

ストレイトのホームページにアクセスすると、自社の強みをよくわきまえていることがわかる。「ストレイトのマッツォは、他社とどこが違うのでしょうか。自社のオーブンで焼いているのは当社だけです」

同社はいまでも昔ながらのやり方でマッツォを焼いている。

イケてることは差別化の手段になる

自社の製品がイケているなら、それを世間に知らせるべきだ。第2章で述べたように、人間は羊の群れのようなものだ。何がイケていて、何がイケていないか知りたがるのは、そのためだ。マーケティングで口コミの効果が大きい理由もここにある。口コミは、何がイケているのかを人から人へ伝えることから始まる。これは重要だ。アメリカ人は負け犬に優しくするが、勝ち犬に賭けようとする。

自慢に対する恐れ

残念ながら、自社の成功について語るのを恥ずかしがる企業が多い。第一に、自慢話はかっこ悪いという。押しつけがましいし、無作法だというわけだ。だが、自慢をためらうのは、この先もずっとイケているかどうか不安だからだ。イケてなくなったら、どうなるか。決まりが悪いのだ。

企業や製品の立ち上げは、衛星の打ち上げに似ている。軌道に乗せるには、最初の一押しが必要なのだ。その後は、別のやり方が必要になる。

競争相手よりイケてる、あるいは売上が伸びているとは、ブランドを軌道に乗せる一押しになる。軌道に乗りさえすれば、それを維持する方法は見つかる。

☆イケてることを示す方法は、いろいろある

「イケてる」戦略をとるなら、なぜ自社がイケてるのかを定義しなければならない。だが、定義の方法は数多くあることは、あまり知られていない。一般的な方法をいくつか紹介しよう。

●**売上**——自社と競合他社の売上を比較することは、もっとも一般的な方法だ。だが、年間の売上高に限る必要はない。半年でも二年でも五年でもいい。自社に都合のいい期間を選べばいいのだ。どんなモノサシを使うかは自由だ。必ずしも、競合相手と比較する必要もない。自社の過去の業績と比較してもいいわけだ。

●**業界評価**――ほとんどの業界で、年間の業績評価が行なわれている。評価を行なうのは、レストラン・ニューズ・アンド・ワールド・リポート紙などの一般紙、あるいはJ・D・パワーズのような業界誌やUSニューズ・ワールド・リポートのような団体の場合もある。こうした評価でトップになった場合は、できるだけ積極的に利用すべきだ。

●**業界の専門家**――業界には、その発言がたびたび引用されたり、コラムが広く読まれたりしている専門家や批評家がいる。代表的なのがハイテク業界で、エスター・ダイソンやガートナー・グループ*がある。こうした専門家の発言や調査を引用して、自社の成功を証明することもできる。ハリウッドが話題の映画を決めたり、出版業界が話題の本を紹介したりするときに、この方法が使われている。

☆**マスコミが話題にしてくれる**

自分で宣伝するのもいいが、誰かに宣伝してもらえればもっといい。積極的な広報活動で最大の効果が期待できるのが、この部分だ。

ここで重要なのは、第三者によるお墨付きには絶大な効果がある、という事実だ。隣人

＊Gartner Group 情報技術産業全般に関する調査、研究、資料収集、情報提供を行なう。日本にも法人がある。

であれ、地元の新聞であれ、第三者が保証したのであれば、その判断は公平だと受け止められる。第三者がイケてるというときは、ほんとうにイケているのだ。
PRの成功は、池に石を投げるのに似ている。最初は小さな波紋が、やがて池全体に広がる。おなじように、一握りの専門家から業界紙に広がり、やがてビジネス誌や一般誌に広がっていく。
だが、業界紙に語る前に、やるべきことがある。以下にその手順を示そう。

ステップ1　市場の現実のなかで議論する

抽象的な議論をしても意味がない。競合他社にもそれぞれ言い分がある。業界の現実のなかで意味のある主張をしなければならない。市場での競合他社の主張から分析をはじめるべきだ。

ステップ2　独自化のアイデアを見つける

独自化とは、他社とおなじでないということだ。ユニークであるとは、ほかに類を見ないということだ。そこで、競合他社と一線を画す何かを探さなければならない。その際、商品そのもので差別化する必要はない。顧客のためになれば、それでいいのだ。

ステップ3 裏付けを示す

自社の独自性を論理的に訴えるには、裏付けを示して、現実味を持たせ、信用できるものにしなければならない。

商品に独自性があるなら、その独自性を目に見える形にしなければならない。それが、裏付けになる。水漏れに強いバルブを売りにするなら、水漏れの可能性がある他社のバルブと直接くらべるべきだ。

裏付けなしに独自性があると主張しても、口先だけで終わってしまう。

ステップ4 独自性を訴える

電球をバスケットの下に隠しておけないように、独自性をラップに包んでいては仕方がない。

独自性のある商品を開発したからといって、ひとりでに道が開けるわけではない。いい商品が必ず勝つとは限らない。消費者に良いと思われた商品が勝つのだ。真実といえども、何らかの手を打たなければ、明らかにならない。

独自性があるならあらゆるコミュニケーションの手段を使って、訴えなければならない。

- 広告
- パンフレット
- ホームページ
- 営業のプレゼンテーション

教訓

独自性がないのなら、価格を低くした方がいい。

第4章　戦略とは競争だ

第3章で述べたように、戦略立案は競争相手の分析からはじまる。どこに強みがあるのか。どこに弱みがあるのか。この分析を出発しなければならないのは、いまのビジネスが、リエンジニアリングや持続的な改善で済むものではなくなったからだ。ビジネスは戦争だ。優秀な人材を集めることでも、製品を良くすることでもない。

量より質の思い違い

優秀な人材さえいれば不利な戦いにも勝てると社員に信じ込ませるのは簡単だ。耳ざわりのよい言葉なのだから。マーケティング戦争では、量とともに質が重要であるのは間違いない。

だがじつは量が多い方が圧倒的に有利であり、多少の質の違いは克服できる。NFL(ナショナル・フットボール・リーグ)で一二人の最弱チームと一一人の最強チームが対戦すれば、最弱チームが勝つはずだ。

もちろん、人数がはるかに多いビジネスの世界では、質の差を克服することはもっと難しい。

頭脳明晰なマネジャーなら、営業部隊に発破をかけるために口にする言葉と、市場の現実を混同することはない。優れた司令官は、優秀な部下を持つことを前提に戦略を立てることはありえない。企業の司令官でもおなじだ。

部下には優秀だと言った方がいい。だが、優秀な人材が揃っていることを前提に、戦闘計画を立ててはならない。

戦争で頼りになるのは、優れた戦略だ。

だが現状では、優れた人材に固執している企業が少なくない。競合他社よりもはるかに優秀な人材を採用でき、競合他社より優れた研修で「人材の優位性」を維持できると信じ込んでいる。

統計をかじったことがあれば、こうした考えを一笑に付すだろう。たしかに少人数なら、優れた人材を集めることはできる。だが企業の規模が大きくなればなるほど、平均的な社員は平均的な能力しかないのがふつうだ。そして巨大企業の場合に、優秀な人材ばかりを集められる可能性は、限りなくゼロに近いのだ。

「良い製品なら勝てる」の思い違い

製品を良くすれば勝てると考えるのも間違いだ。

マーケティング部長がそう考えるのは、「真実が勝つ」という発想があるからだ。「真実」が自社に有利なものであれば、それを見込み客に伝えてくれる広告代理店と、売上に結びつける優秀な営業マンがいさえすればいいことになる。

この考え方は、いわば「内から外への」発想だ。広告代理店や営業部隊が真実を取り出し、見込み客の心にある誤解を解くという考え方だ。

だが、これではうまくいかない。心の誤解は、広告や営業マンによって簡単に解けるものではない。

何が真実だと言えるのか。人間はみな、心のなかにブラックボックスを持っている。広告を見たり、営業マンの話しを聞いたりしたとき、ブラックボックスの部分で「これは正しい」とか「これは間違いだ」とか判断している。

マーケティングでは、人の心を変えようとすることほど無駄なことはない。心のなかで固まった評価を覆すのは不可能に近い。

では何が真実なのか。真実は、見込み客の心のなかの認識である。それはこちらの思う真実とは違うかもしれない。だが、それが、はたらきかけることのできる、唯一の真実なのだ。真実を受け入れ、それに対処するしかないのだ。

それほど賢いなら、トップになっているはずだ

良い製品であることを見込み客に納得させられたとしても、見込み客はすぐに疑問に思うだろう。「このコンピューターがＩＢＭより良いというなら、ＩＢＭのようにトップにならないとおかしいではないか」と。

ブラックボックスの持ち主のうち何人かを抱きこめたとしても、そうした人もすぐに、抱きこめていない大多数の人たちの意見を聞いて動揺するようになる。

それほど賢いなら、なぜトップになっていないのか。これはなかなか、むずかしい質問だ。マーケティング戦争では、正しいというだけで勝てるわけではないのだ。

製品が良ければいつかは勝つだろうという幻想を持つのは無理もない。だが、現実の戦争でもマーケティングの戦争でも、歴史を作るのは勝者であって、敗者ではない。力は正義である。そして勝者はつねに、うちの製品はいいと言えるのだ。

戦争としてのマーケティング

アル・ライズとわたしは二五年も前に、『マーケティング戦争』*でこうした見方を示し

＊邦訳はプレジデント社から刊行。

た。いま思えば、本が出版された当時は、競争の暗黒時代だった。一〇年前までグローバル経済という言葉は、それほど一般的ではなかった。いまは当たり前になっている技術の数々は、シリコンバレーのエンジニアの閃きに過ぎなかった。グローバルな取引は、一握りの多国籍企業に限られていた。

二十一世紀に入った現在、経済規模で世界の上位一〇〇位を見てみると、五一が国ではなく企業だ。上位五〇〇社で、世界貿易の七割を占めている。

いまの市場とくらべると、わたしが最初の本で描いた市場などママゴトのようだ。戦争は激化しており、しかも世界中のあらゆる地域で勃発している。あらゆる人間があらゆる場所で競争をしかけている。

要するに、『マーケティング戦争』で述べた原則は、前にも増して重要になっているのだ。企業は競争相手との戦い方を学ばねばならない。相手の強みを避け、弱みに付け込むにはどうすればいいのか。自分の会社がどうやって生き残るかではない。相手にどうやって消えてもらうのかを考えるのだ。

哲学の変化

従来の定義によると、マーケティングとは、顧客のニーズやウォンツを満足させるものでなければならないことになっている。

ノースウェスタン大学のフィリップ・コトラーによれば、マーケティングとは「交換を通してニーズやウォンツを満たすことを目的とした人間活動」ということになる。

ミシガン州立大学のE・ジェローム・マッカーシー*はこう定義している。

「顧客やクライアントのニーズを予想し、それを満足させる製品やサービスを生産者から顧客に振り向けることによって、企業の目標を達成する活動の成果」

マーケティング関係者はこれまで顧客に照準を合わせてきた。生産に照準を合わせるのではなく、顧客に照準を合わせるよう、経営陣に求めてきた。

第二次世界大戦以降、顧客という王様がマーケティングの世界に君臨してきたのだ。

だが、顧客という王様は死んでいることがわかってきたようだ。マーケティングの専門

＊マーケティングの要素をProduct（製品）、Price（価格）、Place（販路）、Promotion（販売促進）の4つのPに分類した。

家は、経営陣に屍を売り込んでいたわけだ。

そのおかげで、いまや、あらゆる企業が顧客志向になっている。十を超える他社がおなじ顧客に奉仕しているのなら、顧客の要望を知っても、それほど役には立たないのだが。ゼネラル・モーターズが考えるべき問題は、顧客ではない。問題はフォードであり、クライスラーであり、輸入車なのだ。

競合他社に照準を合わせる

成功するには、競合他社に照準を合わせなければならない。競合他社の弱点を探し、そこを突くマーケティングを仕掛けるのだ。

綿密なマーケティング計画には、かならず競争相手に関する項目があるという反論がでるだろう。確かにある。たいてい、計画書の後ろの方に「競争評価」というセクションが設けられている。だが計画書の大部分は、市場の現状やセグメントを詳細に分析し、大量のフォーカス・グループやテスト・パネル、コンセプトやマーケティングのテストから作成した顧客調査の統計を並べるのに使われている。

これからのマーケティング計画書は、もっと多くのページを、競争相手の分析に割くことになるだろう。マーケティング計画は、市場の競争相手をひとつずつ分析していくものになる。競争上の弱みと強みを取り上げ、強みを避け、弱みを突く行動計画を策定する。

いずれは、競合他社のマーケティング責任者が好む手法やスタイルが盛り込まれるだろう（第二次大戦時のドイツが同盟国の指揮官について記した文書と似ていなくもない）。

未来のマーケティング担当者にとって、これらにはどういう意味があるのか。

マーケティング戦争に備える準備をしなければならない、ということだ。マーケティング作戦で成功するには、ますます軍事作戦とおなじような計画が必要になっていくだろう。

その中で戦略計画がこれまで以上に重要になっていくだろう。企業は、どんな方法で敵を攻撃し、欺き、みずからの地位を守り、いつ、どのようにゲリラ戦を仕掛ければいいのかを学ばねばならない。敵の動きを予想できる情報活動が必要になってくる。

要するに、正しい競争戦略を実践しなければならない。それには次頁に掲げた「四つの戦略」を理解し、どの作戦でいくべきかを判断することが必要だ。

これらは、企業が二一世紀に生き残るためのシンプルな戦略モデルである。詳しく検証し、現在の状況に当てはめてみよう。

1．防御戦は、リーダー企業の戦略だ

リーダーシップを発揮できるのは、リーダーとして顧客に認められた企業だけだ（自社こそがリーダーだと主張する企業ではだめだ）。

リーダーのなかでもとくに積極的な企業は、新しいアイデアで自社の既存事業に攻撃を加える。

これまでにもたびたび取りあげてきたが、ジレットは防御型の代表的企業だ。同社の髭剃りは、二、三年おきに新しいアイデアで置き換わっている。二枚刃の「アトラ」のつぎは、ショック・アブソーバー付き「センサー」、さらに現在は、三枚刃「マッハ3」といった具合だ。つぎつぎと新製品を投入してくる企業に、競争相手は太刀打ちできない。

積極的なリーダーは、つねに敵の動きを封じ込める。ビック社が使い捨て髭剃りを投入すると、ジレットはすぐさま、おなじ使い捨てでも、二枚刃のカミソリで対抗した（あり

がたいことだ)。現在は、このタイプの市場を制している。

いまや、ジレットの市場シェアは六〇パーセントを超えるまでになった。これがリーダーなのだ。

2．攻撃戦は、二番手、三番手企業の戦略だ

この戦略の第一の鉄則は、リーダー企業の強みを避けることだ。戦いでは、リーダー企業の弱みを見つけ、そこに攻撃を仕掛ける。全精力を傾けて、徹底的に攻撃するのだ。

最近、アメリカで急成長しているピザのレストラン・チェーンに、パパ・ジョーンズ・ピザがある。同社は、ピザ・ハットの弱点である食材に攻撃をしかけた。創業者のジョン・シュナッターは、全米一のトマト・ソースを手に入れた。ほかのピザ・チェーンでは手に入らない逸品だ。パパ・ジョーンズ・ピザのコンセプトの「美味しいピザは良い食材から」はここから生まれた。

シュナッターは、チーズやほかのトッピングについても、「良い食材」にこだわった。いい生地をつくるため、水すら濾過して使っている。

ウォール・ストリート・ジャーナル紙は、「パパ・ジョーンズの勝利続き」と報じた。ピザ・ハットにとっては面白いはずがない。

リーダー企業を攻撃する方法のなかでとくに優れたものに、次世代技術を使った攻撃がある。

製紙工程での紙の均質性を測る品質管理システム市場は、メジャレックス社とアキュレイ社（アセア・ブラウン・ボベリの傘下企業）の一騎打ちになっている。かつてリーダーだったアキュレイ社は、その座をメジャレックス社に譲っている。

そこでアキュレイ社は、部分部分ではなくシート全体を測定できる次世代の電子スキャン装置を導入し、メジャレックス社を攻撃した。ハイパー・スキャン・フルシート・イメージングと呼ばれる新兵器は、敵にはできない品質管理を可能にする。メジャレックス社の製品を陳腐化させるのだから、この作戦はうまくいくはずだ。

3. 主戦場を避ける側面戦は、中小企業や新規参入企業が足場を築くための戦略だ

この戦略では、通常、戦闘が激しくない地域攻撃を仕掛ける。奇襲作戦と言える場合も

ある。高級ポップコーン「オーヴィル・レーデンバッカー」や、ディジョン・マスタード「グレイ・プーポン」など斬新なアイデアを前面に押し出す戦略だ。

ゴルフ業界で、めざましい側面戦が行なわれた。アダムズ・ゴルフ社は、ドライバーやアイアン、パターに力を入れる同業他社を尻目に、それまで大した競争のなかった分野に参入した。それは、グリーンから二〇〇ヤードのフェアウェイ上にあった。

フェアウェイの厚い芝につかまったボールを打ち出すのに最適なフラットのウッドを投入すること。これが、アダムズ社の側面攻撃だった。製品名の「タイト・ライズ・フェアウェイ・ウッド」は、この製品のシンプルな素晴らしさを物語っている。この製品は、たちまちフェアウェイ・ウッドの人気クラブになった。

一九歳のマイケル・デルが、小さなコンピューター会社を立ち上げたとき、小売店のフロア争奪戦では大手メーカーに敵《かな》うはずがないことを知っていた。当時コンピューターといえば店頭で売るのが常識だった。同業他社は、コンピューターのような高額商品を通信販売で売るような会社が、顧客に信頼されるはずがないと、タカをくっていた。

だが、デルはこの常識を打ち破った。直接販売でコンピューター業界に側面攻撃を仕掛けたのだ。そして五年で八億ドルの企業に成長させたのである。

4. ゲリラ戦は、中小企業の戦い

この戦いの第一の鉄則は、防御できる程度の小さな市場を探すことだ。つまり、小さな池の大魚になる戦略だ。

どんなに成功しても、業界のリーダーのように振舞ってはならない。成功したゲリラ企業は、とかく有頂点になりがちだ（急成長した後、経営危機に陥り買収されたピープルズ・エキスプレス航空がいい例だ）。

危険な兆候が見えたら、すぐにその場を離れる態勢をとっておかなければならない。中小企業に、赤字を垂れ流している余裕などない。ジャングルに身を隠し、つぎの戦闘の機会が来るまで生き延びるのだ。

現在、カリブ海を舞台に、興味深いゲリラ戦が繰り広げられている。大小の島々の観光事業を巡る戦いだ。

グレナダはカリブ海の最南端の島だ。レーガン政権が軍事侵攻して、キューバ人を追い出したことで有名になった。そのグレナダは現在、観光振興に力を入れている。観光事業に乗り出すのが遅かったため、島は人の手がほとんどはいっていない。コンクリートの建物は少なく、ビーチも自然の姿を保っている。椰子の木より高い建物はないのだ。このため、グラナダは、手つかずの島、「懐かしのカリブ」戦略をとることができた。ほかの島々は開発が進んでいるので、これは防御可能な戦略だともいえる。開発された島は、元には戻れないのだから。

しかし、ジャングルに潜む小隊は、ほかの部隊が続々と集まってくる可能性を認識しておかねばならない。ビール業界でゲリラ戦に成功した地ビールメーカーがまさにそうだった。地ビールではさまざまなフレーバーがもてはやされ、資本が小さくて済むことから、四〇〇〇もの銘柄が誕生した。小さな市場に、これだけのゲリラが群がったために、結局、互いに殺し合う結果に終わった。

地ビール市場は、めざましい成長を遂げた後、気の抜けたビールのように低迷している。いまでは、地ビール・メーカーとパブの間で合理化の嵐が吹き荒れている。

誰がこのパブ戦争を勝ち抜くのだろうか。業界関係者によれば、生き残れるのは、全米で唯一、フランチャイズ組織を持つサミュエル・アダムズと、カリフォルニアの老舗地ビール・メーカー、シェラネバダとアンカースティームしかないそうだ。

強いのは現場からのボトムアップ戦略

長年、アメリカの大手企業の戦略立案に関わってきた結果、わたしは画期的な結論に辿りついた。戦略はトップダウンではなく、ボトムアップで立てるべきだ。つまり、ビジネスの現場での戦術を熟知し、深く関わっている者が、戦略を立案すべきなのだ。戦術によって戦略が決まる。つまり、コミュニケーションの戦術によって、マーケティング戦略が決まってくるはずだ。

だが、マーケティング担当者の多くは、逆を考えている。まず戦略ありきで、戦術は後からついてくるというのが定説になっている。

これは自分の願望にとりつかれているからだ。五年あるいは一〇年後に理想とする会社像を事細かに描いた部分を除けば、長期計画に何が残るだろうか。

ビジネスにおいて、戦略を重視すれば、つまり何年後かの理想像を重視すれば、つぎのうち、どちらかの罪を犯していることになる。（1）失敗を受け入れることを拒否する（2）成功を活かすことに消極的。これが、いわゆるトップダウン型の思考だ。

この点を深く理解してもらうには、アル・ライズとわたしが『ボトムアップ・マーケティング』*で述べた、いくつかの定義が必要になる。

☆戦術とは何か

戦術とはアイデアだ。戦術を探しているときは、アイデアを探しているのだ。

だが、アイデアといっても漠然としている。どんなアイデアなのか。どこで見つかるのか。まずはこうした質問に答えなければならない。

そのための一助として、つぎの定義を提案しよう。「戦術とは、顧客から見た競争力のある切り口である」

戦術に競争力のある切り口があってはじめて、成功へのチャンスをつかむことができる。必ずしも良い製品や良いサービスである必要はない。必要なのは独自性だ。独自性はサイ

* *"Bottom-up Marketing"* by Al Ries and Jack Trout, Plume Books

ズでも、重さでも、値段であってもいい。あるいは新しい流通システムでもいい。

さらに、ひとつかふたつの商品やサービスに対してだけでなく、市場全体のなかで競争力がなければならない。

顧客から見た競争力のある切り口とは、顧客の心のなかでマーケティング計画が効果を発揮する部分だ。この部分を梃子にして結果を出さなければならない。

だが、戦術だけでは十分ではない。結果を出すには、戦術を戦略に変える必要がある（戦術が釘だとすれば、戦略は鉄鎚《かなづち》だ）。釘と鉄鎚の両方が揃っていなければ、顧客の心にポジションを確保することはできない。

戦略とは何か

戦略は目標ではない。人生がそうであるように、戦略も過程を重視すべきだ。トップダウン型思考は、まず目標ありきの考え方だ。最初に達成したい目標を決め、その目標を達成するための方法や手段を考える。

だが、目標は簡単に達成できるものではない。最初に目標を設定すると不満が募ることになる。マーケティングは、政治とおなじで、可能性を探る技術である。

われわれの考えでは、戦略とは目標ではない。マーケティングに一貫した方向性を持たせるものだ。

戦略に一貫性があるとは、選択した戦術に的が絞られているということだ。

戦略とは、一貫性をもったあらゆるマーケティング活動を指す。製品、価格決定、流通、広告――マーケティングを構成するこれらのすべての活動が、選択した戦術に沿って行わなければならない。的を絞っていなければならない。

（こう考えるといい。戦術はある波長の光であり、戦略はその波長の光を発生するレーザーだ。見込み客の心に入っていくには、両方が必要だ）。

最後に、戦略とは一貫したマーケティングの方向性である。戦略が固まれば、方向を変えるべきではない。

戦略の目的は、資源を総動員して戦術をしかけることにある。ひとつの戦略的方向に、あらゆる資源を動員することによって、目標設定による制限を受けることなく、最大限に戦術を生かすことができる。

戦争と同様、マーケティングでもっとも安全な戦略は、戦術を迅速に実行に移すことである。休んでいては敗者になる。勝者はプレッシャーをかけ続ける。

戦術と戦略の違い

戦術とはひとつのアイデアであり、ひとつの切り口だといえる。戦略にはさまざまな側面があり、すべてが戦術に照準を合わせている。

戦術とは独自の切り口、異なる切り口である。戦略はごくありふれたものでも構わない。

戦術は短期的なもので、いつもほぼ一定である。これに対し戦略は、長期にわたって展開される。安売りは、アメリカのほとんどの小売業がある期間に活用している戦術である。これに対し、毎日安売りするのはディスカウントストアで、これは戦略だといえる。

戦術は競争上の強みだ。戦略はその強みを維持することを目的にする。

戦術は、製品やサービス、あるいは企業の外にある。会社がつくる製品でないことすらある。戦略は社内的なものだ（内部の大幅な再編を迫られる場合も少なくない）。

戦術はコミュニケーションを重視し、戦略は製品やサービス、あるいは会社を重視する。ボトムアップ型マーケティングの原則は単純だ。具体的なものから一般的なものへ、短期的なものから長期的なものにしていく。

ボトムアップ型マーケティングでは、欲張ってもいけない。うまくいきそうな戦術をひとつ見つけ、それを戦略に取り込む。戦術はひとつに絞るべきで、二つも三つもあってはならない。

一般的には、戦術は競争相手に比べて得意なことだと考えればいい。第二次世界大戦では、ジョージ・S・パットン将軍は、戦車を使った攻撃が得意だった。これが彼の戦術だった。サウスウエスト航空のハーブ・ケレハーは、短距離航空ビジネスが得意で、これを専門にしている。

教訓

汝の敵を知れ

敵の強みを避け、弱みにつけこめ

第5章　戦略とは専門性を持つことだ

ビジネスが戦争だとすれば、生き残り、栄えるためには、なにかひとつ敵より抜きん出ていなければならない。大企業であれ、中小企業であれ、戦略の中心には、いわゆるコア・コンピタンシー（自社の強み）を据えるべきだ。コア・コンピタンシーがそれほど重要なのはなぜか。

特定の事業や製品に的を絞っている企業は、消費者から好感を持たれるからだ。こうした企業は、エキスパートだとみなされる。実力以上に、知識や経験が豊富だと信用してもらえる場合もある。エキスパートという言葉の定義を考えれば、これは驚くにはあたらない。「特定の分野で訓練を積み、豊富な知識を持っている者」なのだから。

逆にゼネラリストは、どれほど優れていても、それほど多くの分野に精通していることはまずない。常識で考えれば、ひとりの人間、あるいはひとつの企業が、あらゆることの専門家になれるはずはないのだ。

ゼネラリストの思い違い

以前GE（ゼネラル・エレクトリック）の仕事をしているときゼネラリストよりスペシャリストが強いことを学んだ。

当時GEでは、「ターンキー発電所」計画に取り組んでいた。考え方は単純だ。総合力のあるGEが発電所建設を一括して請け負い、最後に完成した発電所のキーを電力会社に引き渡す、というものだ。いわゆるワンストップ・ショッピングの発想だった。

いいアイデアだと思うだろう。だが、そうではなかった。

電力会社はこう言った。「ありがとうございます。タービン・ジェネレーターについては御社と契約します。ですが制御や開閉器などは、ほかの専門メーカーに発注します」

ＧＥは電気の生みの親とはいえ、電力会社が求めたのは各分野で最高のもの、つまりスペシャリストだったのだ。

見落としがちな大企業のなかの専門性

ＧＥは電力会社に対し、万能な自分たちが教えてやろうという態度をとった。おなじように家庭の主婦に「ＧＥキッチン」を提供しよう、と考えた。結果はおなじだった。主婦は言った。「ありがとうございます。おたくの冷蔵庫はいただくわ。でも、食器洗い機はキッチンエイド、洗濯機はメイタグの方がいいわ」

ＧＥは家電の総本山とはいえ、主婦が求めたのは、それぞれの製品の最高のものだったのだ。

ＧＥのようなゼネラリストは、名前はよく知られているが、市場では弱い。

食品大手のクラフトの場合を見てみよう。専門ブランドとくらべて、良いところはひとつもない。マヨネーズではヘルマンに、ゼリーではスマッカーズに、マスタードではフレンチズに、ヨーグルトではダノンに太刀打ちできない。

幸いクラフトにもいくつかスペシャル・ブランドがある。じつは、同社でいちばん売れているのは、クラフト社の商品だと知られていない。クリームチーズのフィラデルフィアがそれだ。パッケージにはクラフトと書いてあるが、消費者はこれに気づかない。フィラデルフィアの小さなチーズ・メーカーがつくったと思っているのだ。

デパートから変身したトイザらス

小売業を見てみよう。低迷しているのはどの業態か。デパートだ。デパートとはどんなところか。あらゆる商品を売るところだ。これでは低迷するのは当然だ。「あらゆるものを売る」店を差別化するのは、むずかしいからだ。

カンポーもL・J・フーカーもギンベルも、ヒルズ・デパートも倒産した。世界最大のデパート、メーシーズも破産申請した。うまくいっているデパートもないわけではないが、この業態がいかに厳しい状況にあるかがわかるはずだ。

インターステート・デパートメント・ストアーズも倒産した。同社は、帳簿を調べ、利益が出ている商品だけに絞り込むことにした。それは玩具だった。そこで企業名も玩具(toy)にちなむものに変えることにした。こうして誕生したのがトイザらスだ。トイザらスは現在、アメリカの玩具の小売市場で一七パーセントのシェアを獲得している。

トイザらス方式、つまり焦点を絞り、その分野の商品を徹底して集めることで、成功している企業は少なくない。ステイプル、ブロックバスター・ビデオが好例だ。

小売業界で、大成功を収めているのは、概してスペシャリストだ。

・**リミテッド**——働く女性のための高級ファッション
・**ギャップ**——若者のためのカジュアル・ファッション
・**ベネトン**——新しモノ好きの若者のためのウール・コットン製品
・**ビクトリア・シークレット**——セクシーな下着
・**フット・ロッカー**——運動靴
・**バナナ・リパブリック**——高級カジュアル・ファッション

バナナ・リパブリックのような名前のアパレル・チェーンが成功できる時代とは、まさにスペシャリストの時代である。

自分たちの土俵はどこか

経済学者のミルトン・フリードマン*の言葉は的を射ている。「どうしても成長しなければならない理由はない。成長したいという願望があるだけだ」。これは、現実に見られてきたことでもある。企業はみな、大きいことがいいことだと考えてきた。だが今や、大きいことに問題が多いことははっきりしている。大きいほど経営はむずかしい。焦点が定まらず、数字しか見えなくなる。まずいマーケティングを突き動かしているのは成長したいという願望であり、その願望を突き動かしているのはウォール・ストリートであり、ウォール・ストリートを突き動かしているのは欲である（詳しくは第8章で取り上げる）。

これと対極にあるのが専門化だ。規模が大きく、焦点が定まらず、何でもお任せくださ

＊ノーベル経済学賞受賞の経済学。マネタリストの代表的存在。シカゴ大学名誉教授。『選択の自由』（日経ビジネス人文庫）など。

い式の企業に対抗するには効果的な方法だ。前述のように、顧客は、ひとつの企業があらゆることに秀でるのは不可能だと思っているからだ。そして、いちばん良いものを買いたいと思っている。航空業界の現在の苦境を見てみるといい。儲かっているのは、サウスウエスト航空くらいのものだ。そして同社は、短距離路線を専門にしている。ハブを持たず、機内食を出さず、予約席もない。機種もひとつしかない。

専門化は、世の中の流れに即したものだ。今後は、世界的に成功する大企業と、得意分野で成功する専門性の高い企業に分かれ、その中間の企業は行き詰るだろう。世界で戦えるほど大きくなく、専門性の高い中小企業と戦えるほど柔軟になれないのだから。

エキスパートになる

専門性の高い企業は、専門分野を明確に打ち出すことで差別化できる。

環境コンサルティング業界には、大小さまざまの企業があるが、事業内容は似たり寄ったりだ。そんな中でボストンのＥＮＳＲ社*は、他社にない専門性を打ち出した。環境に関

＊ENSR社は環境とエネルギー開発に関するコンサルティング、エンジニアリング、浄化・修復などのサービスを提供している。

するデュー・ディリジェンス（投資のための企業価値精査）がそれだ。国際的な不動産取引、商取引について、世界中の人材を活用して環境への影響を評価するのだ。この専門性によって、同社は、競合他社と差別化するとともに、評価によって明らかになった問題を解決する仕事を請け負っている。

夢の出版社

よほどの車好きでなければ、月刊誌ヘミングス・モーター・ニュースの名を聞いたことはないだろう。だが、この雑誌は、専門知識が高く評価される出版業界で、究極の専門性を追求して成功した例だといえるかもしれない。

ヘミングスの月間の発行部数は、二六万五〇〇〇部。年間の売上高は二〇〇〇万ドルにのぼる。通常、八〇〇ページに二万点の広告がぎっしり詰め込まれている。フォードのT型モデル用ホィールのベアリング・セット（五五ドル）から、一九三二年式のロールス・ロイス・ヘンリーのロードスター（六五万ドルの掘り出し物）まで何でもある。

誌面の大半は白黒の小さな広告で、製品別に掲載してある。支払いは、小切手かクレジット・カードの前払いだ。自前の記事はごくわずか。営業担当者もわずかしかいない。出版業界の稼ぎ頭である同社のオーナー、テリー・エーリッヒは、自動車の収集と復元の人気に便乗したと語る。

「わたしは平凡な騎手で、勝ち馬に乗っただけだ」。専門性という勝ち馬だったわけだ。

その商品、その分野の代名詞になる

専門企業の最終兵器は、その分野の代名詞になることだ。ブランド名が商品だけでなく、分野全体を表すことになる。

ゲータレードは、スポーツ・ドリンクの分野でその域に達した強力なスペシャリストだ。コピー機でのゼロックス、セロファン・テープでのスコッチになるのは簡単ではないが、ブランドの成功という点で、専門企業には最高の域に達するチャンスがある。

代名詞になった専門企業で、わたしが高く評価しているのが、イギリスのハイズ・デンハムにあるマーティン・ベイカー・エアクラフト社だ。同族会社で従業員が一〇〇〇人足らずの同社は、軍用ジェット機向け射出座席の開発のさきがけだ。

緊急時に乗員を安全に機外に放出するため、ほぼすべての軍用機に、このハイテク・シートが装備されている。価格は一台一五万ドル。生産台数は七万台強で、二番手企業の三倍以上だ。

わたしは海軍の航空部隊に所属していたことがあるが、射出座席は、マーティン・ベイカー・シートと呼ばれていた。

中小の専門企業

老舗企業が苦境に陥っているとか、グローバル経済のなかで市場シェアを維持することがいかにむずかしいかといった記事を目にすることは多いが、一般に知られていない企業でも業績のいい企業は少なくない。

ランダウワー社はレントゲン技師用の放射線バッジをつくる企業だ。売上高は五八〇〇万ドル、純利益率は二八パーセントで、五〇パーセントの市場シェアを握っている。大企業には適さない小さな市場にとどまるのが、同社の専門化戦略だ。

ゼブラ・テクノロジー社は、バーコード・ラベル製造に使われる感熱式プリンターのメーカーだ。売上高は四億七五〇〇万ドル、純利益は七一〇〇万ドルで、三五パーセントのシェアを占める。競合他社が見落としがちなニッチ市場で、独自の流通ネットワークを構築することが、同社の専門化戦略だ。

アフターマーケット・テクノロジー社は、トランスミッションを再生するメーカーだ。売上高は四億一五〇〇万ドル、ビッグ3の自動車向け再生トランスミッション市場で、ディーラー取り付けベースのシェアは七二パーセントに達する。専門的な技術を維持するのが、同社の専門化戦略だ。

ジャングルには、大きくはないが、意気盛んなゲリラが大勢いるのだ。

大手の専門企業

専門企業が大企業だと見せかけることもよくある。消費者には専門企業だと思われていない。三つの例を紹介しよう。

3Mは売上高一六〇億ドル。多くの画期的製品を開発したのが自慢の企業だ。だが、わたしに言わせれば、同社を支えているのは、粘着剤やファスナーによってモノを接合する専門知識だ。この点で同社に敵う企業はない。オーバーヘッド・プロジェクターやシリコン製人工乳房、データ保存機器、オーディオ・ビデオ・テープ、コピー機、心臓外科手術装置は、どれもうまくいかず、撤退している。同社が得意とするポストイットやスコッチ・テープでは成功を収めている。

ジレットは売上高八〇億ドル。髭剃り市場の巨人で、世界市場で六〇パーセント以上のシェアを占めている。これが同社の得意分野だ。傘下に、電池のデュラセル、家電のブラウン、デンタルケア製品のオーラルBなどを抱えるが、あくまで本業の添え物に過ぎない。

これまでにヘアケアや文具事業を売却したが、髭剃り以外の事業からは撤退すべきだろう。オーティスは世界最大のエレベーター・メーカーであり、世界で一〇〇万台以上が稼動している。ユナイテッド・テクノロジーズの子会社のなかでもっとも順調な企業であり、ユニークな戦略がうかがえる。巨大企業になりたければ、ユナイテッド・テクノロジーとおなじ戦略をとればいい。専門企業をいくつも抱えるのだ。同社の傘下には、エアコンのキャリア、ヘリコプターのシコロスキー、ジェット・エンジンのプラット&ホイットニー、軍事用電子機器のノーデンがある。ユナイテッド・テクノロジーズは、複数の専門企業を束ねる巨大企業として、全世界で順調に業績を伸ばしている。

自分の専門を守れ

専業企業は、成功したらその専門分野にとどまるべきだ。ほかの事業に手を出してはいけない。スペシャリストのイメージを損なうことになるからだ。

心臓外科医はこのことを本能的に知っている。膝関節の手術が儲かるからといって、手を出すことはない。

だが、マーケティング担当者の多くは、ひとつの事業や専門に縛られるのを嫌がる。できるだけ多くのことをやりたがる。他のものに手を出した途端、他社にお株を奪われることに気づいていないのだ。ハインツは、ピクルスのスペシャリストだった。その後、ケチャップをつくるようになった。ピクルス市場はブラシックとマウント・オリーブが支配し、ハインツは撤退している。

フォルクスワーゲンはかつて、アメリカ市場で小型車のスペシャリストだった。その後、大型車、高速車、レクリエーション車にも手を伸ばした。現在、小型車市場を制しているのは日本車と米国車だ。

スコットは、ティッシュのトップ企業だった。だが、その後、さまざまな紙製品に手を出した。現在、ティッシュのトップ企業は、チャーミンに代わっている。

CEOの道楽に気をつけろ

マグナ・インターナショナル社は、世界の大手自動車メーカー向けに主要部品を供給する専門メーカーだ。顧客にはクライスラー、フォード、ジープ、ドッジ、シボレー、メルセデス、キャデラックが名を連ね、全世界の売上高は年間六〇億ドルにのぼる。自動車世界では、座席システムなどの複雑な大型部品は自社で作るのではなくほとんど部品メーカーに発注するようになっているが、その先端を走るのが同社だ。

だが、同社会長のフランク・ストロナッチは無類の競馬好きで、競走馬を数百頭も所有している。同社が突如としてカリフォルニアのサンタ・アニタ競馬場など、本業とはかけ離れた資産の買収に乗り出したのは不思議ではなかった（彼自身は馬も自分の専業のひとつと思っている）。ほかの競馬場の買収も検討中だ。

ストロナッチ会長は、自動車部品事業から競馬場、スポーツ賭博事業への進出を目論んでいる。当然ながら、株主の多くは快く思っていない。

行き詰るのは必至だろう。

どの分野で勝負するか

ある分野のスペシャリストを、誰もが知っているとは限らない。何でもいいから、自社を「ある分野のスペシャリスト」と位置づけることを勧める。

消費者は、ある分野のエキスパートがどの企業なのかを知りたいものだ。自社に専門があれば、それを消費者に確実に知ってもらう手を打つべきだ。

一時、行詰まっていた日本の自動車メーカー、スバルが打った手がまさにそれだった。九三年に社長に就任したジョージ・ミューラーは、「この会社が得意なものは何か。どんな個性があるのか」と問いかけた。答えは、四輪駆動技術だった。

そこでミューラーは、この得意分野に的を絞ることにした。「四輪駆動車に絞り、トヨタ、ホンダとの違いを出そう」

広告では、当社は車なら何でもつくるわけではなく、四輪駆動車に特化しているのだと高らかに宣言した。かつて他社との違いが出せず、売上がピークの六割にまで落ちて崖っぷちに追い込まれていた同社が、これで息を吹き返した。同社が生き残れたのは、専門性を生かして差別化できたからだ。

お気づきかもしれないが、わたしは専門性をテーマにした本はまだ書いていない。そのうち、生き残りのための差別化と題する本でも書くのでお待ちいただきたい。だが、当面は本章で事足りるだろう。

教訓

多くのことに優れるよりも、ひとつのことに圧倒的に優れている方がいい。

第6章　戦略とはシンプルなものにかぎる

大規模戦闘計画のような複雑な戦略は、たいてい失敗する。うまくいかない理由はいくつもある。大事なのはシンプルにすることだ。だが、ここにジレンマがある。複雑な方をありがたがり、シンプルさを信じない人が多いのだ。シンプルだと想像力をかきたてない。これは、共著『シンプル・パワーの経営』*で膨大な時間を割いて論じた問題だ。

ありのままを見て判断する

シンプルなものを心もとなく感じる気持ちを克服するには、常識をはたらかせるのが一

＊邦訳はリックから刊行されている。

番だ。だが残念ながら、仕事となると、常識を忘れてしまう人が少なくない。

マックギル大学経営学部教授ヘンリー・ミンツバーグはこう言う。

「経営とは不可思議な現象だ。経営者は巨額の報酬を受け取り、多大な影響力を持っているが、常識が著しく欠如している」

常識は、誰もが共有する知恵であり、社会では明白な真実として認識されている。

シンプルなアイデアは、明確なアイデアであることが多い。シンプルなアイデアは直感的に真実だと思えるものだからだ。だが、人間は直感を信じない。もっと複雑な答えが隠されているはずだと考える。これはまったくの誤りだ。自分にとって理解しやすいことは、人にも理解されやすい。だからこそ、常識的な答えが、市場で絶大な効果を発揮するのだ。

辞書で常識という言葉の意味を調べると、「感情的な偏りがなく、高度な概念を駆使する必要もない、生来の健全な判断力」とある。常識をはたらかせるのに、特別な専門知識は要らないのだ。

言い換えれば、ありのままの事実を見ることだといえる。冷徹な論理に従い、自分の感情や利益を度外視して判断を行なう。常識ほどシンプルなものはないのだ。

街角での観察

無作為に選んだ一〇人に、キャデラックがシボレーに似た車を発表したら売れるかどうか尋ねてみよう。「売れるとは思えない」という答えが返ってくるだろう。

回答者がその回答を導くために使ったもの、それが常識だ。データや調査結果を見て結論を出したわけではない。専門的な知識があるわけではないし、高度な概念も持ち合わせていない。回答者にとって、キャデラックはあくまで大型高級車であり、シボレーは小型大衆車である。ありのままの現実を見たまでのことなのだ。

だが、GM（ゼネラル・モーターズ）は、ありのままの現実を見るのではなく、こうあって欲しいという願望に取り組んだ。常識は無視された。だから「シマロン」のような車が誕生したのだ。だが、当然ながらそれほど売れなかった（これでも控えめに言っているのだが）。

GMはこの教訓を生かしたのだろうか。そうは思えない。懲りもせずにシボレーに似た

「カテーラ」を市場に投入したのだから。シマロン同様、これも売れなかった。意味がないのだから当然だ。ＧＭは誰もが知っている常識を、知ろうとしないようだ。

レオナルド・ダ・ヴィンチは、人間の脳を、目や耳など五感からの情報を集める実験室のようなものであり、その情報は、さらに常識という器官を通されると考えていた。つまり、常識とは五感を超える超感覚なのだ。ビジネスの世界では、この超感覚が信用されていない。

マーケティングに携わったことがあるなら、おわかりのはずだが、人間は時として理屈に合わない行動をとることがある。いま街中には、オフロード用の四輪駆動車が溢れている。だが、この車でオフロードを走った人がどれだけいるだろうか。おそらく一〇パーセントにも満たないだろう。こんな車がほんとうに必要なのか。そうは思えない。では、なぜ買うのか。みんなが買うからだ。これで「理屈」が通るだろうか。

考え過ぎることについて一言、言っておこう。

企業が詳細な調査をしたり、今後の動向について議論を重ねたりするとき、その企業の戦略は間違った方向に進むものだ（ほんとうのことは誰にもわからないのに、わかっているつもりになる)。戦略は綿密に立てられるが、誤った仮説を事実として前提にしている場合が少なくない。

調査はときに混乱のもとになる

☆「調査を信じるか」

わたしの答えは、イエスでもあり、ノーでもある。

ある種の調査は信じる。その一方でデータに振り回されず、直感を信じることも大切だと思う。調査を好きにも嫌いにもなる理由を解明するため、アル・ライズとの共著『マーケティング戦争』で活用した軍隊のアナロジーに戻ってみよう。

戦争とマーケティングの共通点はいくつもある。

ビジネスの世界では、陣地は市場、敵は競合他社、標的は顧客の心、武器はメディアだ。

☆調査は情報だ

情報を集めることは、調査と呼ばれる。

優れた軍人は、受け取った情報を疑ってかかるものだ（これは正しい姿勢だ）。マーケティングでも、おなじことが言える。

有名な戦略史家のカール・フォン・クラウゼビッツ*は、こう言う。「戦争において、入ってくる情報はかなり、矛盾している。それ以上に偽の情報が多く、圧倒的に多いのが眉つばの情報である」

情報に頼っていては生きられないし、情報なしでも生きられない。

情報に不満は付き物だが、情報収集は絶えず大掛かりに行なわれている。GM、コダック、モトローラなどの企業は、情報収集を管理するために、正式に情報部門を設置している。ほかにも、戦略計画の立案プロセスの核に、「ビジネス情報」や「競争相手分析」を据えている企業もある。

アメリカを代表する五〇の調査機関に支払われる調査料は、四〇億ドルにのぼる。その三八パーセントはアメリカ以外からの発注だ。

＊プロイセンの軍人。軍人評論家。代表作の『戦争論』の邦訳は岩波文庫から3巻本で刊行されている。

こうした情報収集活動は、競争圧力の高まりと比例して活発化している。

☆パラドックス

情報収集が活発なのは、おそらく人間の行動に潜むパラドックスのせいだろう。将来が予測しにくくなればなるほど、とるべき行動を決めるため、ますます予測を求め、それに頼ろうとするものだ(カリフォルニア・マネジメント・レビュー誌は、「経営と魔法」と題するユニークな記事で、この点を指摘した)。

競争がないものとして戦略を立てても通用する時代は過ぎ去った。数字を並べ立て、計量モデルを使った説明はするが、自社をやっつけようと狙っている競争相手を無視する戦略プランナーは時代遅れになった(一九九〇年代末、多くの市場で成長が止まり、競争が激化するなかで、最先端の戦略が突如として、その戦略が書かれた紙ほどの価値もなくなった)。

では、マーケターは何をすればいいのか。情報を最大限に活用して、適切な判断を下すにはどうすればいいのか。

以下に、いくつか提案を示そう。

データに惑わされてはいけない

いまは情報過多の時代であり、データが足りないのではなく、有りすぎるのが問題だ。こうした世界では、情報は武器にならない。シンプルであることが武器になる。身の回りに溢れる情報から、重要なものだけを選別できてはじめて、情報は力になる。単純化とは、複雑なものを明確にする技術だ。

マーケティング・リサーチ業界は巨大だが、これにはカラクリがある。単純な調査は評価されない。データの量が多ければ多いほど評価され、報酬が高くなるのだ。

必要なのは、過剰なデータを選別し、重要なデータを絞り込むことだ。手元の情報のうち、重要なものは五パーセントにも満たないものだ。以前、こんなやりとりがあったので、ちょっと紹介しておこう。

プロクター&ギャンブル社のブランド・マネジャーのオフィスでのこと、わたしに与えられた課題は、同社の最大のブランドのひとつをどうするか、だった。わたしは調査を見せてもらえるかどうかを尋ねた。その答えに驚かされた。「調査ですか。調査結果ならコンピューターにぎっしり詰まっていますよ。どの調査がご入用ですか。実のところ、いろんな調査があり過ぎて、どうしていいかわからないくらいなんです」

データの洪水によって、常識や独自の市場感覚が洗い流されるようなことがあってはならない。

一時の流行に過ぎないものが、厳然たるデータとして扱われることにも注意が必要だ。一九八〇年のある市場推計では、八五年までにアメリカの全世帯の五パーセントがビデオテクスト（文字多重放送システム）につながっているとされていた。だが、ビデオテクストは一時の流行に終わり、この数字が達成されることはなかった。ナイト・リッダー社は六〇〇〇万ドルを投じて、ビデオテクスト・システムを構築したが、利益が上がらず、結局この事業から撤退した（言うまでもないが、予想外の成功を収めたのがインターネットだ。ビデオテクストが約束したことは、インターネットという形で達成された）。

フォーカス・グループに惑わされてはいけない

フォーカス・グループ*は、人気は高いが、間違って使われやすい調査手法だ。おしゃべりな赤の他人にマーケティング戦略の主導権を握られては、悲惨なことになりかねない。

第一に、プロセスそのものが歪んでいる。フォーカスという言葉は、どこから来たかご存知だろうか。これは一九六〇年代に、あるテーマに関して、その後の調査の焦点を絞り込むための方法として最初に使われたものだ。つまり、第一歩に過ぎなかったのだ。ところが現在、多くの企業は、標的とする顧客のサンプルを使った計量的分析にまで手が回らないのが現状だ。そこで少人数のフォーカスグループの意見を元に行動をとっている。

第二の問題は、たまたま居合わせた人たちを、マーケティングの専門家に仕立て上げることだ。

ふつう人間は、金とセックス、噂話、体重のことくらいしか興味がないものだ。歯磨き

＊商品開発に有用な情報収集のために市場から抽出された消費者グループへのインタビューする方法。

粉のことを考えるのは、一生のうち一〇分にも満たないだろう。だが、フォーカス・グループになると、二時間も考えている。そのうえ、通常とは違う思考回路で考えるよう迫られる。

フォーカス・グループを即席のマーケティング・マネジャーに変えようとしているのだ。メンバーは気をよくして、ビジネスのやり方についてあれこれ意見してくれる。問題はそれを許していいかどうかだ。

フォーカス・グループは火薬庫だ

フォーカス・グループは爆発して、会社を誤った方向に吹き飛ばしかねない。女性を何人かのグループにして、化粧品について質問してみるといい。一様に、化粧品に思い入れはないと言うだろう。代わりに、相手が聞きたいはずだと考える通りの話をしてくれるだろう。男性に車のことを聞いてもおなじことだ。

自社の戦略や広告について批評するよう頼んでみるといい。相手は購買動機やニーズや思いを大袈裟に話してくれるだろう。

フォーカス・グループは、行動がどれほど気まぐれなものかを示すバロメーターだ。ある大手食品会社が、子供用の炭酸飲料の濃縮液の販売を計画し、フォーカス・グループに意見を仰いだ。調査の段階では、子どもたちは、濃縮液をきちんとコップに注いだ。だが、いたずらっ子たちは、家に帰ると、床や壁にカラフルな液体で模様を描かずにはいられなかった。親から苦情が殺到し、この商品は回収された。

テスト・マーケットに惑わされてはいけない

テスト・マーケットには落とし穴がある。商品の売行きを予測するのが目的だが、この予測は、市場の想定外の動きによって外れる可能性がある。

キャンベル・スープは、一年半をかけてミックス・フルーツ・ジュースを開発し、ジュースワークスと名づけた。だが、市場に投入された時点で、すでに三つの競合商品が店頭に並んでいた。キャンベルは、商品の販売を打ち切った。

クリスタル・ペプシ（透明なコーラ）がテスト・マーケットにかけられたとき、たちまち四パーセント強のシェアを獲得し、業界紙から成功だと持てはやされた。これが間違いだった。数か月後、シェアは一パーセント台に急低下した。マーケティング担当者は、好奇心という要素を忘れていたのだ。発売当初こそ、消費者は透明なコーラに好奇心を持ったが、結局、味で褐色のコーラを選んだのだ（当然だろう）。

人の話を鵜呑みにしてはいけない

調査担当者は、顧客の態度を見極めると約束するかもしれないが、態度が必ずしも行動に結びつく保証はない。言うこととすることとは別、というのはよくある話だ。

マーク・トウェインはこれを見事に言い当てている。

「われわれが純粋に正直な自分自身になるのは、自分が死んだときであり、死後何年も経ってからだと思う。早く正直になるには、早く死ぬことだ」

何年か前、デュポンはスーパーの入口で買い物客の女性五〇〇〇人に、何を買うつもりかを聞く調査を委託した。もし、その結果を元に銀行で資金を借り入れて設備投資していたら、悲惨なことになっていたに違いない。

なぜか。スーパーの出口でおなじ女性に尋ねたところ、買うつもりだと言ったブランドのうち、実際に買ったのは一〇のうち三しかなかった。他の七つは別のブランドを買っていたのだ。

もうひとつ有名な事例に、ゼロックスが普通紙のコピー機を発売する前に行なった調査がある。調査の結論は、一枚一・五セントで感熱紙のコピーができるのに、普通紙のコピーに五セントを払う人はいないどろう、というものだった。

ところが、ゼロックスはこの調査結果を無視した。その後の歴史は、その判断が正しかったことを証明している。

心のスナップショット

ほんとうに必要なのは、心のなかで生じる認識の瞬間的な反応だ。深い思索や提案ではない。

企業に必要なのは、ターゲットとする顧客の心のなで、自社や競争相手の強みや弱みがどう見られているかだ。

人気のある調査手法のひとつに、対象となるカテゴリーについて基本的な属性を並べ、それぞれの属性について一点から一〇点まで点数をつけてもらう調査がある。これを競争相手とくらべる。この目的は、あるカテゴリーで、どのブランドがどんなアイデアやコンセプトを持ち、どう見られているかを知ることにある。

歯磨き粉を例にとろう。歯磨き粉の属性は、おそらく虫歯予防、味、ホワイトニング、口臭予防、天然成分、高度な技術の六つに分けられる。各ブランドが力を入れている属性は、クレストが虫歯予防、イムが味、ウルトラブライトがホワイトニング、クローズアップが口臭予防だ。最近、トムズ・オブ・メインは天然成分という属性を開拓したし、メンタデントは重曹や過酸化水素水を使った漂白技術で、トップ・ブランドの仲間入りをした。

どのブランドにも属性がある。

成功のカギは、消費者の心にどんな属性を植えつけたいか、事前に決めておくことだ。マーケティング調査は、消費者の心に入り込むためのロードマップ、そして競争相手と重ならないためのロードマップであるべきだ（この点については、第3章で述べた）。

顧客の心のなかに、ひとつの言葉を植えつける

『マーケティング22の法則』のなかで、集中の法則について述べた。見込み客の心のなかにひとつの言葉を植えつける方法を見出せれば、驚くほどの成功を収めることができる。複雑な言葉である必要はない。凝った言葉を考える必要もない。辞書からそのまま引っ張ってきたような、シンプルな言葉がいちばんいい。

これが集中の法則である。ただひとつの言葉、あるいはコンセプトに焦点を絞り込むことによって、見込み客の心のなかにそれを植えつけるのだ。これこそマーケティングにおける究極の供え物といえるものだ。

フェデラル・エクスプレスはほかの商品ラインを犠牲にし、翌日までに荷物を届けるサービスに焦点を絞ることによって、「翌日配送」という言葉を植えつけることに成功した。いい言葉を見つけるのに、なにも言葉の天才である必要はない。スパゲティー市場でト

ップのラグ社を追撃していたプレゴ社は、ハインツ社の「より濃厚な」というアイデアを借用することによって、一六パーセントのシェアを獲得した。

もっとも効果的な言葉とは、商品の利点を簡潔に説明する言葉だ。商品がどれだけ複雑でも、市場のニーズがどれほど複雑でも、いくつもの言葉で利点を並べるよりも、ひとつの言葉でひとつの利点を表す方が効果的だ。パパ・ジョーンズ・ピザは、「すぐれた食材」という二つの語を組み合わせた。

さらにハロー効果と呼ばれるものがある。見込み客の心のなかに、ひとつの利点をしっかり植えつけることができれば、見込み客の方でそれ以外の利点をいくつも見つけてくれる、というものだ。「より濃厚な」スパゲティー・ソースであれば、質がよく、栄養価が高く、価値が高いはずだと思われる。「より安全な」車といえば、デザインと技術に優れていることを暗に意味する。

入念に計画されたものかどうかは別にして、成功した企業（ブランド）は、顧客の心のなかに、ひとつの言葉を植えつけている企業（ブランド）である。いくつか例を挙げよう。

クレスト（歯磨き粉）……虫歯
メルセデス（車）……技術
ＢＭＷ（車）……走行性
ボルボ（車）……安全性
ドミノ（ピザ）……宅配
ペプシコーラ（飲料）……若者
ノードストローム（百貨店）……サービス

これらの言葉は多様性に富んでいる。利点に関するもの（虫歯予防）、サービスに関するもの（宅配）、顧客に関するもの（若者）、などさまざまだ。だが、あくまでシンプルでなければならない。この点から、わたしが繰り返し主張する問題点のひとつがでてくる。

複雑な言葉は混乱のもとになる

マーク・トウェインは若き友に手紙でこう助言したことがある。

「君は平易でシンプルな言葉を使っている。単語も短く、文も簡潔だ。それが文章を書くコツだ。モダンで最高の方法だ。これからも、それでいくといい」

企業こそ、マーク・トウェインのこの言葉をもっと取り入れなければならない。

シェイクスピアの『ハムレット』は、約二万語で書かれている。リンカーンが封筒の裏にしたためたゲティスバーグの演説のための草稿は、約一一万四〇〇〇語が使われていた。ウェブスターの最新の辞書には、六〇万語以上が収録されている。トム・クランシーの最近の長編小説は、辞書に載っている言葉を全部、駆使したのではないかと思える。

言葉はますます複雑になっている。新しい言葉やめずらしい言葉を使おうとする風潮と戦わなければならならない。

有名な格言が、いかめしい言葉や奇抜な言葉で書かれていたら、読めたものではない。

シンプルな格言をわざわざ複雑な言葉にした例を挙げよう。

●艶麗は皮膜の深度をもつのみ（美貌はただ皮一重）

●老齢の犬に革新的技術を教化しても効果はない（老犬に新しい芸を教えるのは無駄）
●炭素性物質から発生する蒸気は、大火災の予兆（火のないところに煙はたたず）
●回転物体には、小植物は付着しない（転石苔むさず）

おわかりいただけただろう。良い文章やスピーチとは、読み手や聞き手を混乱させないものだ。明快でわかりやすくなければならない。短ければ短いほどいいのだ。

ビジネスにはビジネス特有の言葉がある

こうした奇抜な言葉だけでも問題なのに、経営者や経営コンサルタントは自分だけの新しい言葉を作り出そうと必死になっている。未来学者で経営の神様と呼ばれる人物の言葉を引用しよう。「変化には二つの型があることを経営者は理解するようになっている。ひとつはわたしが『パラダイム・エンハンスメント』と呼ぶもので総合的な品質管理、継続的品質改善を指す。もうひとつは、『ラディカル・チェンジ』あるいは『パラダイム・シフト』と呼ばれる変化である。これは対応が必要なほかのどの変化とも違っている」

マサチューセッツ州レキシントンにあるベター・コミュニケーションズ社は、企業経営者に文章の書き方を教える企業である。同社は、フォーチュン五〇〇の経営者が使っている表現を「地獄のメモ」としてまとめた。フォーチュン誌が一九九七年二月三日号で、「ジャーゴン・ウォッチ」と題した記事で、その一部を紹介している。

- 経営者はこのビジョンをヘリコプターで運んだ（ボスは来週以降のことを考えている）。
- 付加価値は収益カーブを急上昇させるのに不可欠だ（顧客が要求する以上のことを提供し、売上も利益も増やそう）。
- この経営イニシアチブの範囲を決めておく必要がある（みんなで計画を立てよう）。
- 機能横断的な知識を総動員した（部門間でよく話し合った）。
- 社員奨励制度に影響を出さないように（報酬体系を混乱させないように）。
- 当面、君の仕事は「保留する」と決定した（君はまだクビではない）。

「コア・コンピテンシー」は「何が得意なのか」、「エンパワーメント」は「どんな権限を与えるか」、「パラダイム」は「物事をどう進めるか」と言えるのに、経営者はなぜ、これほど難解な言葉で話したがるのだろうか。アイリーン・シャピロが『勇気ある経営』の巻末に、「ビジネス用語悪魔の辞典」を収録しなければならなかったほどだ。

一九九八年六月八日付けのウォール・ストリート・ジャーナル紙は、「バズワード（専門用語めいた流行語）・ビンゴ」と呼ぶ新しいゲームを紹介した。会議で上司が使った意味不明の専門用語や常套句の数を、部下が数えていくゲームだ（「デリバラブルス」「ネット・ネット」「インパクトフルネス」は点数がもらえる）。

こうした気取った言葉を使うのは、頭がよく、含蓄があり、重々しく見せたいからしい。だが、実のところわかりにくくするだけだ。複雑さを排除するために、経営者は何をすればいいのか。ヒントがある。

ルドルフ・フレッシュ博士は、文章から大袈裟な言い回しや曖昧な表現を追放するために、ひとり立ち上がった（やさしい言葉〔プレインイングリッシュ〕での読み書きを提唱した『やさしく話す技術』がある）。博士は、「話し言葉で書くと良い文章になる」ことを最初に提唱した人物だ。

博士のやり方で手紙の返事を書くと、こうなる。

「ジャック、提案ありがとう。よく考えて、できるだけ早くお答えします」

これとは正反対の書き方だと、つぎのようになる。

「本日、提案書を拝受しました。慎重に検討したうえで回答申し上げます」

書くときだけでなく、話すときも、シンプルで率直な表現を使い、内輪でしか通用しない言葉を使ってはいけない。

☆耳に入る言葉ほどシンプルに

それ以上に、聞いてよく理解できるようにシンプルな表現を心掛けなければならない。せわしない現代社会では、聞く能力が落ちている。調査によれば、ここ数日間で耳にしたことのうち、思い出せるのは二〇パーセントに過ぎないという。

一九九七年七月一〇日付けのウォール・ストリート・ジャーナル紙は、アメリカ国民は自分の話ばかりして人の話を聞かなくなったと報じた。自分が発言できる機会をうかがっているだけだというのだ。ふつうの人間は、一分間に一二〇語から一五〇語の速さで話すが、脳は一分間に五〇〇語以上を処理できるため、余裕がありすぎ、散漫になりやすい。話が少しでも複雑だったり、理解しにくかったりすれば、聞き手は集中するのがむずかしくなる。

回りくどく、要領を得ない会議やプレゼンテーションは、時間とカネの無駄だ。ほとんど何も伝わらず、忘れられるだけ。ドブに金を捨てるようなものだ。

☆本当にあった話

昔、同僚と一緒に、かなりの額を投資するロゴ・デザインの会議に参加したことがある。デザイン会社の二時間のプレゼンテーションでは、当然のようにモデリティとパラダイムといった言葉が使われ、色の選好性といったよくわからないものが話題になった。曖昧で複雑なコンセプトのオンパレードだった。駆け出しのわたしは、話についていけなかったことを同僚に正直に打ち明け、どう思うか尋ねた。同僚は突然笑い出し、安心したような表情を見せた。じつは自分もまったく理解できなかったのだが、物を知らないと思われるのが怖くて言えなかったというのだ。

会社は申し分のない素晴しいロゴを変えて、巨額の資金を無駄にした。会議の出席者が誰ひとり、デザイン会社の連中にシンプルで分かりやすい言葉で説明するように求めなかったからだ。もし、わかりやすい言葉で説明していたら、デザイン会社の連中もロゴも一笑に付されただろう。

この話から導き出せる教訓はこうだ。わかりにくい言葉やコンセプトをそのまま通用させてはいけない。通用させてしまうと、その代償はとんでもなく高くつくことになる。プレゼンテーションでは、複雑な概念については、シンプルな言葉で説明するよう要求すべきだ。「わからない」と言える勇気を持とう。インテリぶった傲慢な態度を許してはいけない。

ピーター・ドラッカーの『経営者の条件』*のなかから、シンプルな言葉に関する結論部分を引用しておこう。

「過去四〇年間、間違った方向に進んできたことのひとつに、『わかりやすく話をする人

*邦訳はダイヤモンド社から刊行。

は、単純な人間だ』という考え方がある。わたしが若かった頃は、経済学にしろ物理学にしろ心理学にしろ、各分野のリーダーは、素人にわかってもらう努力をするのが当たり前だった。アインシュタインは、相対性理論を一般の人たちでもわかるようにするため、三人の協力者とともに三年をかけた。ジョン・メイナード・ケインズですら自らの経済理論をわかってもらおうと腐心した」

だが数日前、こんな話を耳にした。年配の学者が、若い同僚の研究を頑として認めなかったのだが、その理由が、五人以上に理解されているからというのだ。これはほんとうの話だ」

教訓

重要な戦略は、たいていふつうの言葉で説明できる。

第7章　戦略とはリーダーシップ

ＣＥＯの役割は攻撃を指揮することである。これは、これまで書いた私の著書の最後で取り上げてきた点だ。

戦略、ビジョン、理念には、シンプルな前提がある。まず、進むべき方向がわかっていなければならないのだ。進むべき方向が分からなければ、誰もついて来ることはできない。

随分前に出版されたローレンス・ピーターとレイモンド・ハルの共著『ピーターの法則』*に、つぎのような見解が記されていた。

「多くのピラミッド型組織は現在、ルールや伝統に悩まされ、法律に縛られている。進む

＊邦訳はダイヤモンド社から刊行。

べき方向やペースについて、上層部が部下に指示する必要がないほど、それが極端になっている。上層部は、前例を踏襲し、規則に従いながら、集団の先頭を歩いている。これでは木彫りの女神像が、船を導いているようなものだ」

リーダーシップのスキルに関するこうした悲観的な見方に触発されて、リーダーシップに関する本の出版が爆発的に増えた（だが、そのほとんどが馬鹿げた内容だ）。例を挙げれば、「フン族のアッティラ王を見習え」「内面の平和を得るべきだ」、「失敗に学べ」、「カリスマを目指せ」、「権限委譲すべきか」（時々はそうすべきだろう）、「協力すべきか」（おそらく）、「アメリカの隠れたリーダー」（女性だ）、「リーダーに必要な資質は誠実さだ」、「信用される人間になる」、「本物のリーダーの見つけ方」（社内で見つけろ）、「リーダーシップの七つの法則」（聞くまでもない）だ。数えてみたら本のタイトルにリーダーという言葉が入った本は、三〇九八冊もあった。

優れたリーダーになるための方法は、一冊の本を必要とするようなものではない。ピーター・ドラッカーは、わずか数行で述べている。

「優れたリーダーは、組織の理念を深く考え、それを明確に定義し、組織に浸透させることである。リーダーは、目標を設定し、優先順位を決め、基準を定めて、維持するのである」

現場から学べ

では、どうやって正しい方向を見つけるのか。優れた戦略家になるには、混沌とした市場にみずからの身を置いてみるに限る。見込み客の心のなかで一進一退の攻防を繰り広げているマーケティング戦争では、みずから前線に立って想像力をはたらかせなければならない。

気取らない人柄で知られるサム・ウォルトンは、死ぬまでウォルマート*の全店舗を見て回った。深夜に配送センターに足を運び、配達員の話を聞いたことすらあった。

親しみをこめて「ミスター・サム」と呼ばれたウォルトンは別として、経営者の多くは現場を知らない。会社の規模が大きくなればなるほど、現場の社員との距離が離れていく。

＊Wal Mart：世界最大のアメリカの小売業。

これが、企業の成長を妨げる最大の要因かもしれない。

これ以外の点では、規模の大きさは好ましいものだと考えられる。マーケティングは戦争であり、戦争の第一の原則は、戦力の確保だ。つまり、大部隊ほど、大企業ほど有利になる。だが、顧客の心のなかで繰り広げられるマーケティング戦争につねに集中し続けていなければ、大企業ならではの優位性は生かせない。

これを物語るのが、GM（ゼネラル・モーターズ）でのロジャー・スミスとロス・ペローの確執だ。ロス・ペローはGMの役員だった当時、販売現場の実態を探るため、週末ごとに車を買いに行った。ペローは、そういう現場主義をとらないスミスに批判的だった。「GMのやり方を破壊しなくてはならない」とペローは主張した。暖房つきのガレージや運転手つきのリムジン、役員食堂を吹き飛ばす原子爆弾がいるというのだ。

車を売ろうという会社の幹部が、運転手つきのリムジンなんかに乗っていてどうするのだ、というわけだ。大企業にとって、経営幹部が市場から離れてしまうことが最大の問題なのだ。

多忙なCEOは、どうやって現場の客観的な情報を集めるだろうか。都合のいいことだけを耳に入れようとする中間管理職を、どうやって排除するのか。良いニュースだけでなく、悪いニュースも入るようにするには、どうすればいいか。

悪いニュースが直接、聞こえてこなければ、間違った考え方が幅を利かせることになる。

よくある計画についてのたとえ話のように。

●計画

当初は計画だった。

いくつか想定条件が設けられた。

想定条件には形式がなかった。

計画はまったく中身のないものだった。

●工員

工員が暗い顔でグループ長に訴えた。

「糞の入った壷が、臭いんです」

●グループ長

グループ長は課長のところに行き、こう言った。

「汚物の入ったバケツがあり、あの臭いには誰も耐えられません」

●課長

課長は部長のところに行き、こう言った。

「排泄物の入った容器があります。非常に強力です。誰も耐えられません」

●部長

部長は事業部長のところに行き、こう言った。

「肥料の入った樽があります。これ以上ないほど強力です」

●事業部長

事業部長は副社長のところへ行き、こう言った。

「これは成長を促進するものであり、たいへん強力です」

●副社長

副社長は社長のところに行き、こう言った
「この新規の強化計画は、成長をおおいに促進してくれるでしょう」

●方針

社長は計画を見て、なかなかいい計画だと思った。こうして計画が方針になった。

必要なもの――率直な意見

現場で起きていることを確認する方法として、「お忍び」や「抜き打ち訪問」がある。

これは小売業で各店舗の実態を知るのに有効な方法だ。王様が民衆とおなじ格好をして、街に出かけるのと似ている。共通するのは、現状について率直な意見を求めていることだ。王様と同様、ＣＥＯにも、忠実な部下からは率直な意見が聞こえてこない。さまざまな思惑が渦巻いているからだ。

実態を把握できるか否かは、カギを握るのが営業部門だ。ここで重要なのは、競争相手について営業担当者の率直な評価をどうやって吸い上げるかだ。いちばんいいのは、率直な意見が出たら褒めることだ。ＣＥＯが率直さや事実を高く評価するとの評判が伝われば、質の高い情報が集まってくるようになるだろう。

必要なもの――顔の見えるリーダー

優れたリーダーは、方向を決めるだけでは十分でないことをよくわかっている。優れたリーダーは、上手い話し手であり、一番の支援者であり、力強い牽引者でもある。自社の方向性やビジョンを、言葉と行動によって示している。

航空業界で偉大なリーダーといえば、サウスウエスト航空の元ＣＥＯ、ハーブ・ケレハーをおいてほかにいない。ケレハーは、低価格・短距離航空ビジネスの覇者となった。毎年毎年、「もっとも賞賛される企業」、「もっとも利益率の高い企業」のリストにかならずその名が挙げられている。

サウスウエスト航空を利用すると、搭乗員が快活でサービス精神が旺盛なことに気づくだろう。ユーモアのセンスもあるらしく、利用客のひとりは「牛でも運ぶようなぎゅう詰めの機内も楽しくなる」といっている。

ケレハーを知る者は、この会社の個性が、ケレハーの個性そのものであると口を揃える。飛行機を飛ばし、社員の士気を高める、素晴らしい応援団長だ。実際、「いつも社員の後ろを歩いていた」という。

ケレハーは、従業員のことも、航空機ビジネスのこともよく知っていた。彼と会ったとき、売りに出ているイースト・コースト社のシャトル便を買ったらどうかと勧めたことがある。そうすれば、東海岸で一躍、上位に躍り出られる。

ケレハーはちょっと考えた後、こう言った。「ニューヨーク、ワシントン、ボストンには自社の搭乗ゲートを持ちたいと思っている。ただ、航空機は要らないし、それ以上に従業員は欲しくない」

確かにケレハーは正しかった。イースト・コースト社の社員をやる気にさせることは不可能だっただろう。

ケレハーには、優れたリーダーのもうひとつの特徴がある。つまり、ビジネスに自分の人格を反映させているのだ。最盛期のチェース・マンハッタン銀行の会長、ディヴィッド・ロックフェラーは、世界各国の首脳を訪問しただけでニュースになった。実際、ロックフェラーは、国家元首のようなものだった。

全盛期のリー・アイアコッカは、クライスラーそのものだった。

いまなら、ビル・ゲイツが歩くマイクロソフトと言えるだろう。コンピューターおたくで、コンピューター以外のことはひどく疎いように見える。

顧客や見込み客を獲得するのに、顔の見えるリーダーは強力な武器になる。この種のリーダーがいれば、会社は信頼される（ドイツ人は、ジョージ・パットン将軍に全幅の信頼を寄せていた。だからこそ、連合国がおとりに使ったのだ）。

また、兵士は、こうしたリーダーの下で戦うことを誇りに思う。本能的に信頼するのだ。

信頼がなければ、誰もついて来ない。部下がついてこなければ、攻撃はできない。

戦略は数字ではない

数字に生きる者は、数字に殺される。思惑を達成すべく部隊を進めるのが仕事だと考える経営者は、自分のクビばかりか、組織の生命まで危うくする。このことを何より物語っているのが、リチャード・マギンの悲しい末路だ。マギンはルーセント・テクノロジーズのCEOで、売上高を毎年二桁ペースで伸ばし、AT&Tの製造子会社だった同社を、ウォール街の星に仕立て上げた。

だが、成長は永遠に続くわけではない。二〇〇〇年、同社は業績を二度、下方修正した。その重圧は営業部隊にのしかかった。業界誌の夥しい記事を総合すると、マギンはどんな手を使っても、契約を結ぶことを奨励したという。顧客には巨額の割引や掛売りを約束して、将来の需要を先食いした。業績が再度、目標を大幅に下回ったとき、一気に転落が始まり、マギンの評判は地に堕ちた。株価は急落し、会社の将来が危ぶまれるようになった。

冒頭に書いたように、数字に固執し過ぎると命取りになる。
戦略が正しければ、数字は後からついてくるのだ。

戦略は認識である

本書で強調したい教訓をひとつだけ挙げよと言われれば、こう答える。戦略の成否は、市場をどうとらえるかによって決まる。そして、勝敗を左右するのは顧客の心であるということを、しっかりと心得なければならない。

各部門の責任者は、製品改良や流通網の活用、営業部隊を上手く使うとで市場での地位が上がると見栄えのいいプレゼンテーションをするかもしれないが、そんなものになびいてはいけない。標的とするのは、あくまで顧客の心だ。それにしても心を変えるのは、不可能ではないまでも、かなりむずかしい。顧客の心は変えられると部下が言ってきても、信じてはいけない。既存顧客や潜在顧客の心を深く理解できれば、少なくとも深刻な問題に出くわすことにはならないものだ。

わたしはかつてGM（ゼネラル・モーターズ）のCEOに、速すぎるモデルチェンジで、ブランド力に傷がつくと思ったことはないか、尋ねたことがある（元CEOは財務畑出身で、マーケティングの知識はほとんどなかった）。

少し考えた後、返ってきた答えはこうだった。「疑問には思わなかった。だが、わかりにくくなっているとは思った」。この懸念はあたっていたのだが、このCEOが直感に従って行動することは残念ながらなかった。幹部が実態を把握しているはずだと思っていた。ところがこの想定は誤りだったことがはっきりした。しかし、GM社内が誤りに気づくまで数年がかかった。いまでは、競争が激化したおかげで、誤りは数か月もしないうちにわかる。数年の歳月も要らない。だからこそ、マーケティングは部下に任せることができないものなのだ。生き残るために、市場に何を持っていくのか、CEOは全責任を負わなければならない。自分のクビがかかっているのだから。

巨大企業の大きな事業部門の責任者に、そう言ったことがある。その責任者は、自分が関わることの重要性を認めつつも、中間管理職の権限を減らすことを懸念していた。とり返しのつかないような深刻な問題にぶつかりたくないなら、そんな懸念は忘れた方がいい。

戦略とは長期的に考えること

競争相手に照準を合わせ、見込み客の心のなかでの自社の強みになっている点と弱みになっている点を把握できたとしよう。心という戦場で有効にはたらく特性や差別化のアイデアも見つかった。

つぎは、そのアイデアを具体化するために、一貫した戦略の策定に全力を傾けなければならない。外部にある機会を実現するには、組織内部の変更が必要だ。これがいわゆる「実行」だ。

戦略の実行には腰を据えて取り組まなければならない。マーケティング計画を実行するには時間がかかる。その間ウォール・ストリートや取締役会、従業員から圧力がかかっても、方針を変えてはいけない。好例は、パソコン用スプレッドシート（表計算ソフト）を開発したロータスだ。

マイクロソフトがウィンドウズ用のスプレッドシートとしてエクセルを開発したことで、

ロータスの立場は危くなった。ウィンドウズはマイクロソフトの製品なので、ウィンドウズ用のスプレッドシートの開発では、どうしてもマイクロソフトに遅れをとることになり、ロータスは深刻な危機に陥ったのだ。そこで当時のCEO、ジム・マンジは、戦いの場を変えることにした。当時、ノーツという名のグループウエア*の開発に着手したところで、ロータスの将来はこのグループウエアにあるとマンジは考えた（グループウエアとは、単体用のソフトではなく、グループやネットワーク向けのソフト）。こうしてマンジはグループウエアに的を絞り、ノーツとグループウエア事業を構築し、支援する体制づくりに乗り出した。そしてノーツはグループウエアで最初に成功を収めることになった。

戦略とは粘り強くあること

ロータスをいまの形にするのは、並大抵のことではなかった。ジム・マンジに事業の焦点を変えることは大仕事ではなかったかと尋ねると、「苛酷なプロセス」だったという答えが返ってきた。以下に実際の本人の言葉を紹介しよう。

＊Notes：文章共有、電子メール、電子掲示板などの機能をユーザーが組み合わせて利用できるグループ・ウエア。

「スプレッドシートはロータスの柱だった。ピークには事業の七割を占めていた。いわば当社の『メインフレーム』ビジネスだった。だが、マイクロソフトのウィンドウズの出現で、わが社の将来に大きなかげりを生じた。

九〇年代はじめ、わたしはノーツに将来性があると考えた。残念ながら、社内の全員がそう思っていたわけではなかった。しかし、スプレッドシートの改良を続けたいという者の方が多かった。一度に一二人のヴァイス・プレジデントが会社を去ったこともあった。

彼らが描く将来像は、わたしのとは違っていた。

さらにノーツへの投資を、取締役会に知らせないわけにいかなくなった。加勢してもらうには、繰り返し話し、見通しを達成し、社内外で良好な関係を築いていくしかなかった。役員が将来のビジョンを共有できなければ、危機は拡大する。

幸い業績は上向きはじめ、五億ドルに近い投資にも理解が得られるようになった」

マンジは、自分の目指すべき方向を明確に把握していた。その結末は幸福なものとなった。ＩＢＭが同社を三五億ドルで買収したのだ。ロータス買収をきっかけに、ＩＢＭは企業向けソフトウエアを強化している。ロータスは深刻な危機に陥っていたが、大胆で長期的な取り組みになって、絶命の危機から救われたのだ。

マンジの経験は、戦略がリーダーにかかっていることを証明するものだと言えるだろう。

リーダーは良き司令官である

マーケティングが戦争だとすれば、リーダーは優秀な司令官の資質を身につけることが重要になる。

●**柔軟であれ**　状況に合わせた戦略がとれるように、いつも柔軟であれ。戦略に状況を合わせようとしてはならない。優れた司令官は、自分の軸を持っているが、あらゆる見方や選択肢を吟味してから判断する。

●**勇気を持て**　心を鬼にして決断しなければならないときもある。優れた司令官の心の奥に、意思の強さと勝つための勇気を持っている。

●**大胆であれ** チャンスには、躊躇することなく迅速に進まなければならない。大胆さがとくに必要になるのは、追い風が吹いているときだ。そういう時こそ全力を注ぐ。逆風が吹いているときに、勇気を示そうとする人物には要注意だ。

●**事実を知れ** 良い司令官は、細かい事実から出発し、積み上げ方式で戦略を立てる。こうして立てられた戦略は、シンプルだが強力なものになる

●**運も必要だ** 成功するには運が必要だが、同時に運をうまく活用できなければならない。運がないときには、ただちに損失を食い止める態勢をとっておかねばならない。クラウゼヴィッツはこう言っている。「撤退は不名誉ではない。優秀なチェス・プレーヤーなら負けゲームを最後まで戦ったりはしないように、司令官は最後のひとりになるまで戦うなどと考えてはならない」

以上の点に注意しよう。

高価なスーツを着こみ、高級車に乗り、社用ジェットで飛び回っていても、経営者もひ

とりの人間だ。人間であれば、権力や金、エゴに溺れる可能性がないとはいえない。ウォール・ストリートに、成長すれば地位と名誉は保証されると甘い言葉を囁かれると、市場や社内の現実を見失う可能性もある。

司令官として、この人に学べ

優秀な司令官をひとり挙げるとすれば、コストコ*のジェイムズ・D・シネガルを挙げる。コストコはウォルマートが恐れる唯一の企業だ。それもそのはず、コストコほど成功している会員制卸売店はない。業績を見てみよう。店舗数では、ウォルマートの会員制クラブであるサムズ・クラブがコストコの一・七倍だが、売上高では、コストコが三四四億ドルで、サムズ・クラブの三二九億ドルを上回っている。一店舗当たりの売上高にすると、サムズ・クラブの六三〇〇万ドルに対し、コストコは一億二〇〇〇万ドルで二倍近い。シネガルにはどんな秘訣があるのか。

第一に、高級商品を大幅に値引きして販売する戦略をとっている。素晴らしい商品には出費を惜しまず、プライベート・ブランドの日用品の出費を抑える都会の洗練された消費

＊Costoco：アメリカ最大のホールセールクラブ。メーカーから直接仕入れた商品をケース単位で低価格で販売する店舗形態。

者を引きつけている。ウォルマートが標的とするのは、中間の大衆層だ。

第二に、ウォール・ストリートに左右されていない。フォーチュン誌二〇〇三年十一月二十四日号に掲載された「ウォルマートが恐れる唯一の企業」（ジョン・ヘリヤン記者）で、こう語っている。「株価は気になる。だが、四半期決算をよくするために手を打つことはない。そんなことをすれば、当社の持ち味や良さが失われる」

シネガルは自分の報酬を三五万ドルに抑え、過去三年はボーナスも返上して、部下から賞賛されている。シネガルの報酬とボーナスは、コストコの店長の二倍を上限にしている（爽やかな話ではないか）。

この逸話から導かれる教訓はこうだ。リーダーの資質は、おそらく人材の量に勝る。フォーチュン誌の記事に、コストコの部長や投資家の言葉が引用されている。「サムズとコストコの違いだ。当社にはサム・ウォルトンがいるが、ウォルマートにはいなくなった」

教訓

自分の行き先がわからない人間についてくる者はいない。

第8章　戦略とは現実を直視すること

　ここ数十年間、アメリカを代表する企業が危機に陥り、ときには破綻に至る例を目にしてきた。ポラロイド、ＡＴ＆Ｔ、ゼロックス、リーバイ・ストラウス、エンロン、ルーセント・テクノロジーズをはじめ、多くの企業が、英雄から厄介者へ転落した。好調だったときには、優秀な人材が集まり、コンサルタントが群がり、ウォール・ストリートは甘い話をもちかけた。経営者は巨額の報酬をもらい、マスコミからもてはやされた。わたしの著書、『大失敗！――成功企業が陥った戦略ミステイクの教訓』*の主役は、こうした企業だ。彼らが痛い思いをして学んだ戦略上の教訓は、一文に簡潔にまとめることができる。どの企業も市場の現実を見失っていたのだ。

＊邦訳はダイヤモンド社から刊行。

ウォール・ストリートが仕掛けた「成長の罠」

企業が戦略ミスを犯す最大の原因は、ウォール・ストリートにあるのではないかと思う。ウォール・ストリートは、好ましくない事態、ときには取り返しのつかない事態を引き起こす環境をつくりだしている。ある意味で、ウォール・ストリートはトラブルの温床のようなものだが、温床であるからには、成長を促進する。企業が過ちを犯すのは、成長したいという願望があるからだ。企業の成長は、正しいことをした結果ついてくるものであり、成長それ自体を、目標とする価値はない。成長を目指すために、達成不可能な目標が立てられる。

ＣＥＯが成長を求めるのは、在任期間を延ばし、収入を増やすためだ。ウォール・ストリートの証券マンが成長を求めるのは、自社の評判を高め、収入を増やすためだ。

それは必要なことだろうか。そうではない。無理やり必要もない成長を強要するのは、ブランドに対する犯罪とすら言えよう。成長志向が諸悪の根源であることを示す実例を挙げよう。

数多くのブランドを抱える大手製薬会社から、事業計画の評価を依頼されたことがある。各ブランドの責任者から、翌年度の事業計画の説明を受けた。そのなかで、若手幹部のひとりが、自分の担当ブランドで新規参入企業が攻勢をかけ、市場の勢力地図が変わる可能性があると指摘した。だが、売上予測では、一五パーセントの増加を見込んでいた。わたしはすぐに、競争が激しくなるなかで、この数字をどうやって達成するのか尋ねた。

短期的な販促とラインの拡充で対応するというのが答えだった。長期的にはブランドを傷つけることにならないかと尋ねると、なると思うと答えた。では、なぜやるのか、再度たずねると、上司に売上を伸ばせと言われている、上司に聞いてほしいとの答えが返ってきた。

一週間後、上司は無理があることを認めた。だが、ＣＥＯが売上増を必要としているという。ご想像のとおり、ウォール・ストリートが売上増を求めているからだ。

一五パーセント成長の幻想

フォーチュン誌の名物編集者、キャロル・ルーミスは、二〇〇一年二月五日号で、このテーマについて画期的な論文を書き、「軽率な業績予想が、目標の未達成と、株価下落、会計操作を招く」と指摘した。問題は、「なぜCEOは、こうした悪しき慣習を断ち切れないのか」ということだ。

記事のなかでルーミスは、一般的な経営者の行動を指摘している。

「企業はさまざまな目標を掲げているが、ある程度の規模の企業でもっとも一般的な目標は、一株当たり利益の年成長率一五パーセントというものである。これが実現すれば超優良企業ばかりになる。毎年一五パーセントずつ成長すれば、五年後には利益が倍になる。そうなれば、株式市場でもてはやされるのは間違いなく、CEOには紙吹雪の舞うパレードが用意されるだろう」

なぜこんな事態が起きるのか、その理由は高度な知識がなくてもわかる。ウォール・ストリートの関心を引くのは、こうした類の予想だからだ。ウォール・ストリートと経営者が、意味のない甘い言葉を囁き合いながら、ダンスを踊っているようなものだ。経営者はトップ・アナリストが自社を調査対象にし、株を推奨してほしいと願っている。一方、ウォール・ストリートの方では、アナリストの実力を示し、さらなるカネをひきつけるために勝ち組企業を必要としているのだ。

すべては幻想だ。

現実の数字とは

ルーミスが指摘したように、年に一五パーセントかそれ以上、成長できる企業などほとんどないことは、すでに大がかりな調査によってあきらかになっている。フォーチュン誌は、過去四〇年間のうち三つの時期をとりあげ（一九六〇—八〇年、七〇—九〇年、八九一九九年）、一五〇社のデータを調べた。いずれの時期も、一五パーセント以上利益を伸ばした企業は、三社か四社しかなかった。伸び率が一〇～一五パーセントの企業が二〇社から三〇社、五～一〇パーセントが四〇社から六〇社、〇～五パーセントが二〇社から三〇社、そして伸び率がマイナスの企業も二〇社から三〇社あった。つまり、勝ち組の企業とおなじ数だけ、負け組の企業があるのだ。

全体として、過去四〇年間、税引き後利益の増加率は平均で八パーセント強にすぎなかった。つまり、一五パーセント成長した企業は、平均の二倍近いペースで利益を伸ばしているのだ。これが現実なのだから、成長率を達成するために不正を働く企業が出てきても不思議ではない。

達成不可能な目標

無謀なマーケティング計画が立てられる原因は、目標にある。わたしが目標設定に反対するのは、マーケティングのプロセスに非現実的な要素が持ち込まれるからだ。

思い通りにしないと気がすまない経営者は、目標を設定するのが大好きだ。五年後、一〇年後に会社をどうしたいかを事細かに描いた部分を除けば、長期計画に何が残るというのか。書かれているのは、市場シェアか株主資本利益率のことばかりだ。

この手の経営者は、現実の動きのなかから利用できるものを探そうとせず、自分の思い通りに現実を動かそうとする。新しいビジネスチャンスを見つけようとせず、既存の市場を追い求める。外向きではなく内向きでもある。

経営者は、絵空事としかいえないような目標を押し付ける際に、それは「目指すべきもの」――ある種の達成目標なのだ。だが目標を設定すること自体が、失敗は許さないぞと言ったも同然であることに気づいていない。非現実な目標を達成しようと必死になるから、間違ったことに手を出してしまうだろう。

ブランドの責任者は、非現実的な売上目標を達成しようとして、必要のないラインの拡張を進めたり、販売促進に巨額を投じたりする。だがもっと悪いのは、問題と真剣に向き合って、問題解決しようとはしないことだ。

目標設定のもうひとつの問題点は、組織を硬直的にする点にある。ひとつの目標に狙いを定めると、違う方向に進めばあったはずの機会を見逃すことになる。

大きいことはいいことだ？

これまで大きいこと、成長を目指すことの危険性について述べてきたので、成長したいという強い願望が努力に値する目標なのかを考えてみる価値がある。

企業の成長志向について調べはじめると、大きいことは良いことなのかについての深刻な疑問を投げかける調査や分析の数の多さに驚かされる。調べ終わる頃、わたしは、合併熱にうかされていたとき、ＣＥＯはいったい何を考えていたのだろうと思いはじめた。

順調な企業は、何ひとつ変えたいとは思わない。たとえばＩＢＭはメインフレーム中心の世界が小型コンピューターに移行するとは考えたくもなかった。ゼネラル・モーターズは、大型車の世界が小型車の世界に移行するとは考えたくもなかった。

その結果、これらの企業の中核事業を脅かす発明が市場を席捲している。うまくいっている大企業が、「これはなかなかいいアイデアだ。昔のアイデアは捨てよう」ということとはまずない。すぐに新しいアイデアの欠陥を指摘するのがおちだろう。新しいアイデアが破壊的技術に発展したり、市場の勢力地図を塗り替えたりする可能性について、考えようともしない。

市場のリーダーは、つねにより良いアイデアで自分自身を攻め続けなければならない。自分がしなければ、他社に攻められることになる。

融合という名の肥大化

現在の拡大志向の根拠とされているのが、いわゆる「融合」だ。技術が融合しているのだから、あらゆるものを取り込まなければならない、と経営者は主張する。こうした主張がどこよりも喧しいのがメディア業界だ。六つのテレビ・ネットワークはすべて、映画やテレビ・スタジオと結びつき、メディア業界のあらゆる業態の統合を完了している。バイアコム、タイム・ワーナー、ウォルト・ディズニー、ニューズ・コーポレーション、ゼネラル・エレクトリックの五社は、合併熱にどっぷり浸った。

しかし、時間が経つにつれて、合併や買収は問題が多いことが明らかになってきた。マーケティングの大成功になるのではなく、会計上の問題になっている。ハワード・スティンガーは、ニューヨーク・タイムズ紙にこう書いている。「買収や合併の会計処理には、概ね二年かかる。全員が帳簿を開いてはじめて一杯食わされたことに気づく」

大きい組織は運営が大変だ

大企業の組織運営のむずかしさについては、経済学者も論じているが、もっとも優れた企業規模の分析は、イギリスの人類学者ロビン・ダンバーによるものだろう。マルコム・グラッドウェルが名著『ティッピング・ポイント』*で紹介したダンバーは、人間の社会的能力を研究テーマに、快適に過ごせる人数の限界を調べた。ダンバーの見解では、人間は、複雑な社会的協約に対応できる脳をもつ唯一の動物なので、あらゆる動物のなかでもっとも大きい社会的集団を形成するという。ダンバーによれば、ほんとうの意味で社会的な関係が保てるのは、一五〇人くらいまでだと言う。

＊邦訳は飛鳥新社から刊行。

グラッドウェルの著書に引用されているダンバーの以下の見解は、大き過ぎることの弊害の本質をついている。

「集団の規模が大きくなれば、複雑な階層とルール、規制と正式な手続きがないと、忠誠心と求心力は保てない。だが、一五〇人以下なら、そうしたものがなくても、おなじ目的を達成できるとダンバーは主張する。『この程度の人数なら、個人の忠誠心や一対一のやりとりで、命令が実行され、おかしな行動が抑制される。これ以上、人数が増えると、それは不可能になる』」

個人的な欲望

ところが実は、ダンバーの想定を超えることが、大企業で起こっている。あらゆる高等動物は、反射的な個人的欲望といえるものを持っている。会社にとって最善の道と、自分にとって最善の道があるとき、たいていは、自分にとって最善な道を選ぶ。名誉欲とも言える。

新しい任務についたとき、「万事うまくいっている。手をつけないでおこう」というマーケティング関係者にはお目にかかったためしがない。意気盛んなマーケティング関係者は、新しい任務につくと、前より良くしないと気がすまない。自分を誇示したいのだ。ただジッとしていては、落ち着かない。人数が多ければ、ひとつのブランドに際限なく手が加えられるのを覚悟した方がいい。そうやって退屈しのぎをしているのだ。

ブランドが混乱するのもおなじ理由だ。人数が増えれば増えるほど、管理するのがむずかしくなる。

肥大化に手を焼くＣＥＯ

成長目標が高すぎ、企業規模が大き過ぎることに、多くの巨大企業が苦労している。ダイムラー・クライスラーは、クライスラーの従業員二万六〇〇〇人を解雇した。バンク・オブ・アメリカとバンク・ワンが合併してできた銀行は、高コストに悩まされている。

当然ながらウォール・ストリート・ジャーナル紙は、肥大化に悩むCEOについて取り上げた。企業経営に、「これまでにない複雑さと混乱」がつきまとっているという。記事では問題点がうまくまとめられている。

「資本は地球中を駆け巡り、経済は激しく変動し、消費者の好みはめまぐるしく変わる。業績予想であれ、悪い噂であれ、情報は瞬時に駆け巡る。まずい動きをしたり、つまずいたりしようものなら、ここぞとばかりに突っ込まれる。限られた情報のなかで、すばやく決定をしなければならない。極端に肥大化した企業では、従業員との対話といった基本的な人間同士のつき合いですらきわめてむずかしくなっている」

いまのCEOは、おちおち眠ってもいられないようだ。

つねに現実を知る

多くのCEOが現在、新しい技術の導入にやっきになる。あるCEOは、三万人の従業員にフィードバックを求める電子メールを頻繁に送っている（腰までプリントアウトで埋まってしまうほどに）。別のCEOは、定期的にテレビ会議を開き、混乱したメッセージが送られないように、慎重におなじスピーチを繰り返している（おなじ話ばかり聞かされて、退屈で死にそうだ）。そのうえ、いつも出張で飛び回っていて、飛行距離は年間一五万マイルを優に越える（体内時計は狂いっぱなしだ）。

だが、何より恐ろしいと思うのは、一般向けや投資家向けの広報活動にとられる時間が増え続けていることだ。週のうち丸一日を、広報に充てているCEOもいる。「大口の投資家がいつでも会いたがっている。大株主との対話が、当たり前になっている」からだと言う。

だとすれば日常業務は誰かに任せなければならない。

大企業のＣＥＯでは、重要な決定に関わる時間がとれない状況になっている。その影響は後から跳ね返ってくる（「時間をとりたいが、大口の投資家に電話をしなければならない」が口癖だ）。これでは本末転倒ではないか。

ＣＥＯの在任期間が短くなっているのはなにも不思議ではない。競争相手を知らず、自社の持ち味を知らないのだから。

ＣＥＯの仕事は、市場の現実を知ること

わたしはこう考える。いまの時代、ＣＥＯが何もかも把握することはできないが、つねに重視すべきことがある。市場の現実だ。マーケティングの専門家が新しい手法を持ちかけてきたら、おなじような手法が市場にどれだけあるのか尋ねればいい。そして、なぜ他社ではなく、自社の製品が買われるのか説明を求める。納得できる答えが返ってこなければ、お引き取りいただく。だが、お引き取り願う前に、ポジショニングの第一の法則を念を押すことを忘れてはいけない。「より良いものをつくるより、一番手になる方がいい」

のだと。これは現実であり、希望的観測ではない。

ヒューレット・パッカードの創業者のひとりで、いまは亡きディヴィッド・パッカードは、本書の最後を飾るにふさわしい、素晴らしい言葉を残している。

「マーケティング部門に任せておくには、マーケティングは重要すぎる」

教訓
目標は夢のようなものだ。
夢から覚めて、現実を直視した方がいい。

訳者◆高遠裕子（たかとお・ゆうこ）

翻訳家。主な訳書に『「必ず伸びる会社」の10の習慣』『経営は「実行」』『グローバリゼーションの終焉』（日本経済新聞社）、『巨象も踊る』（共訳、同上）、『ジョン・コッターの企業変革ノート』『衛星ビジネス・ウォーズ』（日経BP）、『大魔人が教えるマーケティングの極意』（阪急コミュニケーションズ）などがある。

無敵《むてき》のマーケティング　最強《さいきょう》の戦略《せんりゃく》

2004年11月9日　初版発行

著　者　ジャック・トラウト
訳　者　高遠裕子
装幀者　轡田昭彦・坪井朋子
発行者　五百井健至
発行所　株式会社阪急コミュニケーションズ
〒153-8541　東京都目黒区目黒1丁目24番12号
電話　販売（03）5436-5721
編集（03）5436-5735
振替　00110-4-131334

印　刷　株式会社厚徳社
製　本　大観社製本株式会社

ISBN4-484-04121-9
Printed in Japan